KB038767

04 인지행동치료 스펙트럼 시리즈

COGNITIVE
BEHAVIOR
THERAPIES

변증법적 행동치료

인지행동치료 스펙트럼 시리즈 ▌ COGNITIVE BEHAVIOR THERAPIES 04

변증법적 행동치료

Michaela A. Swales · Heidi L. Heard 공저 ▌ 유성진 역

학지사

발간사

    인지행동치료(Cognitive Behavior Therapies)는 견고한 이론적 기반과 풍성한 치료적 전략을 갖추고 있는 과학적으로 검증된 심리치료체계다. 이론적으로, 인지행동치료는 비록 모든 사람이 타당성이 결여된 비논리적인 생각 혹은 유용성이 부족한 부적응적인 생각을 품을 때가 있지만, 특히 심리장애를 지니고 있는 내담자의 경우에는 왜곡된 자동적 사고가 뒤따르는 감정이나 행동, 대인관계에 미치는 역기능이 현저하기 때문에 문제가 된다고 가정한다. 치료적으로, 인지행동치료는 구체적인 문제분석, 지속적인 자기관찰, 객관적인 현실 검증, 구조화된 기술훈련 등을 통해 내담자가 자신의 마음을 바라보고 따져 보고 바꾸고 다지도록 안내하는 일련의 과정으로 진행된다. 인지행동치료자는 내담자가 구성한 주관적 현실을 검증해 볼 만한 하나의 가설로 받아들인 뒤, 협력적 경험주의에 근거하여 내담자와 함께 그 가설의 타당성과 유용성을 검토하는 정교한 작업을 수행한다.

인지행동치료는 발전을 거듭하고 있다. 인지행동치료는 정신병리의 발생원인과 개입 방향을 전반적으로 설명하는 총론뿐만 아니라 심리장애의 하위 유형에 따라서 구체적으로 변용하는 각론을 제공하기 때문에 임상적 적용증이 광범위하다. 아울러 인지의 구조를 세분화하여 자동적 사고 수준, 역기능적 도식 수준, 상위인지 수준에서 차별적으로 개입할 수 있는 위계적 조망을 제시하기 때문에 임상적 실용성이 향상되었다. 또한 변화와 수용의 변증법적 긴장과 균형을 강조하는 현대심리치료의 흐름을 반영하는 혁신적 관점을 채택하기 때문에 임상적 유연성이 확보되었다. 다만 이렇게 진화하는 과정에서 인지행동치료를 협의가 아닌 광의로 정의할 필요가 발생했는데, 이것이 서두에서 인지행동치료의 영문 명칭을 단수가 아닌 복수로 표기한 까닭이다. 요컨대, 현재 시점에서 인지행동치료를 제대로 정의하기 위해서는 내용과 맥락이 모두 확장된 스펙트럼으로 간주하는 것이 바람직하다.

이번에 출간하는 인지행동치료 스펙트럼 시리즈는 전술한 흐름을 적절히 반영하고 있다. 독자 입장에서는 인지행동치료의 대명사인 Beck(인지치료)과 Ellis(합리적 정서행동치료)의 모형, 성격장애 치료에 적합하게 변형된 Young(심리도식치료)과 Linehan(변증법적 행동치료)의 모형, 제3세대 인지행동치료로 불리는 Hayes(수용전념치료)의 모형 등의 공통점과 차이점을 이론적 및 실제적 측면에서 세밀하게 조명할 수 있는 기회가 될 것이다. 아울러 메타인지치료, 행동분석치료, 행동촉진치료, 자비중심치료, 마음챙김 인지치료, 구성주의 치료 등 개별적으로 더 강조하고 있거나 덜 주목하고 있는 영역을 변별함으로써 임상 장면에서 만나는 다양한 내담자에게 가장 유익한 관점과 전략을 채택하는 데 도움이 되리라 여긴다.

"Beck은 현실에 맞도록 이론을 변화시키려는 경향이 강했다."는 동료들의 전언이 사실이고, 인지행동치료의 기본적 전제를 수용하면서 통합적 개입을 추구하는 심리치료자라면, 인지행동치료 스펙트럼 시리즈에 관심을 보일 만하다.

인지행동치료 스펙트럼 시리즈 역자 대표

유성진

역자 서문

　인지행동치료는 정신병리의 원인으로 인지적 왜곡(distortion)을 지목한다. 인간은 경험에 반응하는 것이 아니라 경험에 대한 해석에 반응하는 존재인데, 경험을 해석하는 과정에서 왜곡을 범하기 때문에 심리장애를 겪게 된다는 것이다. 이에 비해, 변증법적 행동치료는 정신병리의 원인으로 기술의 결핍(deficit)에 주목한다. 유쾌한 경험과 불쾌한 경험으로 가득한 세상을 살아가려면 마음을 관찰하고, 정서를 조절하고, 고통을 감내하고, 관계를 영위하는 기술을 발휘해야 하는데, 기술을 학습하지 못하고 구사하지 못하기 때문에 심리장애를 겪게 된다는 것이다. 원인이 다르면 치료도 다르다. 인지적 왜곡을 치료하려면 왜곡을 수정해야 하고, 기술의 결핍을 치료하려면 기술을 훈련해야 한다.

　변증법적 행동치료는 자신의 생명을 위협하는 유사자살행동을 반복하는 경계선 성격장애 내담자를 치료하기 위해 개발되었다. 경계선 성격장애는 선천적 취약성과 후천적 열악성의 상호작용으로 발생하며, 내담자는 만성적인 정서조절곤란 상태에서 살아간다. 정서적 고통을 조절하고 감내하는 기술을 배우지 못한 내담자의 입장에서, 당면한 문제를 해결할 수 있는 유일한 방법은 스스로 목숨을 끊는 것뿐이다. 그러나 문제를 해결하려는 시도가 오히려 그 문제를 증폭시키는 경우가 있는데, 경계선 성격장애를 지니고 있는 내담자는 바로 그 악순환의 연쇄고리에 빈번하게 사로잡힌다. 고통의 늪에서 벗어나려고 몸부림치다가 오히려 더 큰 고통의 늪에 빠지는 역설적 상황이 반복되는 것이다.

이런 내담자를 만날 때, 치료자는 갈팡질팡하면서 충동적으로 개입하게 되고 치료의 원칙과 방향을 고수하지 못하고 당황하기 마련이다. 만약 이런 어려움으로 고민하는 치료자가 있다면, 이 책을 통해 적잖은 도움을 받을 수 있을 것이다. 이 책은 변증법적 행동치료자가 견지해야 하는 치료원칙, 치료태도, 치료절차, 치료양식, 치료기법 등을 상세하게 소개하고 있으며, 다양한 임상사례를 통해 구체적인 적용방법을 안내하고 있다. 특히 전통적인 인지행동치료와 적극적으로 비교하면서 차별적인 측면을 강조하고 있기에, 변증법적 행동치료의 이론적 및 실제적 독창성을 학습해서 임상적 역량과 치료적 효과를 향상하는 데 유익할 것이다. 경계선 성격장애처럼 치료하기 어려운 내담자를 만날 때 치료자가 경험하는 고충이 묘사되어 있으므로 치료자의 입장에서 꼭 필요한 공감과 타당화를 제공받는 기회가 될 것이다.

상당한 분량으로 이루어진 인지행동치료 스펙트럼 시리즈의 출간을 흔쾌히 허락해 주시고 물질적 및 심리적으로 지원해 주신 학지사 김진환 사장님과 김순호 편집부장님께 감사드린다.

2017년 2월 유성진

서 문

변증법적 행동치료(Dialectical Behavior Therapy: DBT)는 정서적으로 불안정해서 반복적으로 자살위기에 빠지는 경계선 성격장애를 치료하기 위한 목적으로 개발되었다. 변증법적 행동치료는 전통적인 인지행동치료(Cognitive Behavior Therapy: CBT)를 계승하고 발전시킨 치료모형으로, 인지행동치료 스펙트럼의 제3세대에 해당한다. 이 책에서는 인지행동치료와의 차이점을 부각하는 방식으로 변증법적 행동치료의 독창적인 치료원리와 치료모형을 소개한다. 제1부에서는 행동주의(6~8장), 변증철학(3장), 선불교(9장)의 원리에서 비롯된 변증법적 행동치료의 이론적 독창성을 다루고, 제2부에서는 치료구조와 치료전략에 초점을 맞춰서 변증법적 행동치료의 실제적 독창성을 다룬다.

변증법적 행동치료의 생물-심리-사회모형(제4장)은 경계선 성격장애를 지니고 있는 내담자가 정서조절곤란을 겪는 까닭을 잘 설명한다. 경계선 성격장애는 선천적 기질과 후천적 환경의 상호작용으로 발생한다. 정서적 취약성을 가지고 태어난 사람이 내적 경험과 외적 행동을 타당화하지 않는 열악한 환경에서 성장하면, 정서와 행동을 조절하는 능력 및 동기에 결함이 발생해서 만성적인 정서조절곤란 상태에 놓이게 된다(제5장). 변증법적 행동치료자는 복합적인 치료양식을 적용해서 내담자가 지니고 있는 다양한 공존병리에 체계적으로 접근하며, 궁극적으로 내담자의 정서조절능력 및 동기를 향상시키려고 노력한다(11~17장). 변증법적 행동치료는 선불교(9장, 21장)와 인지행동치료(19~24장)의 지혜를 변증법적으로 통합해서(3장, 25장) 논리 정연한 치료원리를 제시한다.

인지행동치료 스펙트럼 시리즈의 특성상, 이 책에서는 전통적인 인지행동치료와 구분되는 변증법적 행동치료의 독창적인 측면을 강조하고 있다. 그러므로 이 책이 변증법적 행동치료의 모든 측면을 다루지는 않는다는 점과 기본 교재(Linehan, 1993a, 1993b)를 대신할 수는 없다는 점을 유의해야 한다. 변증법적 행동치료자가 되려면 충실한 수련교육과 슈퍼비전을 받아야 한다. 이 책은 변증법적 행동치료에 관심을 보이는 상담자가 읽을 만한 심화자료이자 이미 수련교육을 받은 치료자가 읽을 만한 요약자료다. 더불어 변증법적 행동치료자를 만나야 할지 고민하고 있는 내담자에게도 일종의 안내자료가 될 것이다.

차 례

2_부

변증법적 행동치료: 실제적 독창성

1부

변증법적 행동치료: 이론적 독창성

01

원칙중심 심리치료

금요일 오후 5시 30분, 상담실 전화기의 벨이 불길하게 울린다. 힘들었던 일주일을 마감하고 주말의 달콤한 휴식을 꿈꾸던 중이기에 선뜻 수화기를 들지 못한다. 내담자의 목소리다. 뛰어 내리려고 난간에 서 있단다. 근처인 것 같은데 어디인지 정확하게 알려 주지는 않는다. 당신과 통화를 할 수 있으리라 기대했던 것은 아니고 그저 자동응답기에 작별인사라도 남기고 싶었단다. 지난 이틀간 많은 일이 있었다고 말하는 내담자의 목소리는 무뎌져 있었다. 자살시도가 처음이 아니다. 비슷한 문제로 여러 번 입원치료를 했지만 크게 호전되지 않았다. 내담자는 희망의 끈을 완전히 놓아 버린 듯했고, 아예 이야기조차 하지 않으려고 했다. 당신은 통화를 계속하면서 내담자를 보살필 것인가? 내담자를 진정시킬 각별한 방법을 강구할 것인가? 내담자를 자살위기에 빠뜨린 문제를 해결하려고 노력할 것인가? 내담자가 어디 있는지 알아내서 구조대를 파견할 것인가? 구조대가 내담자를 데

리고 상담실에 올 때까지 기다릴 것인가? 내담자가 입원치료를 받을 수 있게 수속을 밟아 줄 것인가? 이런 상황에서 당신이라면 어떻게 행동하겠는가? 그리고 가장 중요하게, 어떤 치료원칙에 따라서 결정을 내리겠는가?

이런 상황에서 치료자는 변증법적 행동치료(Dialectical Behavior Therapy: DBT)가 제시하는 일련의 치료원칙에 따라서 현명하게 대처할 수 있다. 변증법적 행동치료의 치료원칙을 고수하는 치료자는 전체적인 치료계획에 근거해서 구체적인 치료반응을 선택하며, 내담자가 겪고 있는 고통에 충분히 민감하게 반응하면서도 궁극적으로 치료효과를 향상시키는 역량을 발휘할 수 있다.

변증법적 행동치료는 경계선 성격장애를 지니고 있는 내담자를 효과적으로 치료하기 위해 전통적인 인지행동치료(Cognitive Behavior Therapy: CBT)를 발전시킨 포괄적이고 구조화된 치료모형이다. 치료자의 입장에서, 경계선 성격장애를 지니고 있는 내담자는 치료자의 능력과 기술을 시험하는 상당히 도전적인 인물이다(Linehan, 1993a). 경계선 성격장애를 지니고 있는 내담자는 상담실에 방문할 때마다 전혀 새로운 문제를 드러내곤 한다. 그래서 치료자는 곤혹스러운 상태에서 그때그때 즉흥적인 치료기법을 구사하게 된다. 예컨대, 지난 주에는 공황발작과 회피 증상을 보고했던 내담자가 이번 주에는 폭식 증상과 구토 증상을 호소하고, 다음 주에는 갑작스럽게 자살시도를 암시하는 식으로 지극히 불안정한 양상을 보인다. 이렇게 복합적인 공존병리가 나타나는 경우, 일관적인 치료전략을 고수하는 것이 몹시 힘들

뿐만 아니라 그렇게 하는 것이 오히려 바람직하지 않을 수 있다.

성격장애의 심리치료가 그래서 어렵다(Shea et al., 1990; Steiger & Stotland, 1996). 갖가지 문제가 한꺼번에 나타나면 내담자를 온전하게 이해하는 것이 곤란하며, 표적 증상에 초점을 맞춘 구조화된 기법을 일관성 있게 적용하는 것이 거의 불가능하다. 또한 경계선 성격장애를 지니고 있는 내담자는 치료를 방해하는 문제행동(예: 무단불참, 불평불만, 심리치료 및 치료자에 대한 적대감)을 자주 드러내기 때문에 치료자와 내담자가 소진되기 쉽다. 치료자는 구조화된 기법을 구사했다가 실패하는 과정을 반복하면서 지쳐 가고, 내담자는 치료자의 노력을 점점 더 부적절한 시도로 치부하면서 낙심한다. 결과적으로 치료자는 정반대로 행동할 가능성이 높아진다. 즉, 치료의 초점을 유지하면서 구조화된 치료기법을 일관적으로 구사하는 대신에 치료의 초점을 상실하면서 내담자가 드러내는 문제에 따라 그때그때 유익하다고 여겨지는 치료기법을 충동적으로 적용하게 되는 것이다. 하지만 변증법적 행동치료의 치료원칙을 준수하는 치료자는 일관성과 충동성이라는 두 개의 극단을 변증법적으로 조율하려고 노력한다는 점에서 일반적인 치료자와 사뭇 다른 모습을 보인다.

Linehan(1993a)은 전통적인 인지행동치료로 경계선 성격장애를 치료하는 과정에서 드러난 각종 문제를 해결하기 위해 특수한 치료기법보다 일반적 치료원칙을 강조하는 변증법적 행동치료를 개발했다. 그녀가 이것을 개발할 당시, 전통적인 인지행동치료의 효과는 상당수의 축 I 장애 영역에서 이미 검증되어 있었다. 또한 인지행동치료는 총론뿐만 아니라 각론까지 제시하고 있었다. 즉, 개별 심리장애의 특징적인 임상 양상을 고려해서 심리장애별로 치료기법, 치료단계, 치료전략을 적절하게 변형시킨 치료모형이 발표되었다. 예컨대, 공황장애의 인지행동치료에서는 정상적인 신체감각을 파국적으로 오해석하기 때문에 과잉호흡이 발생한다는 점과 과잉호흡으로 인해서 증폭된 신체감각을 다시 파국적으로 오해석하기 때문에 악순환이 나타난다는 점이 주요한 병인론으로 부각되었고, 공황발작의 악순환 고리를 끊으려는 목적으로 다양한 인지적·행동적 치료기법을 활용했다. 이렇게 구조화된 치료방법을 고안하고 세부적인 치료단계를 제시했다는 측면에서, 전통적인 인지행동치료는 '기법중심(protocol-driven)' 심리치료다.

모든 치료모형은 나름의 치료원칙을 제시한다. 그러나 심리치료가 항상 원칙대로 진행되는 것은 아니다. '원칙중심(principle-driven)' 심리치료는 견고한 이론에 근거해서 내담자와 치료자가 함께 떠나는 여행의 지도를 만들어 내고 그것을 철저하게 따라가는 작업을 뜻한다. 모든 치료모형은 심리장애의 발생과 지속에 대한 병인론을 제시하며, 치료자는 내담자의 문제를 해결하는 데 가장 유익하다고 여겨지는 치료전략을 병인론에 근거해서 선택한다. 그런데 인지행동치료는 고도로 구조화되어 있기 때문에 자칫하면 치료자가 치료원칙에서 벗어나서 치료기법에만 의존할 우려가 있다. 왜냐하면, 구조화된 심리치료를 수행하는 치료자는 난관에 봉착하는 경우 혹은 심각한 도전에 직면하는 경우에만 치료원칙을 재고할 것이기 때문이다.

기법중심 심리치료가 제공하는 여행지도에는 목적지로 향하는 대략적인 경로와 특징적인 풍경이 상세하게 묘사되어 있으므로 치료자는 그것을 열심히 따라가면 된다. 그러나 원칙중심 심리치료가 제공하는 여행지도에는 최소한의 정보만 들어 있다. 치료자는 몇 가지 이정표, 몇 가지 경로, 몇 가지 풍경만 파악하고 있을 뿐이므로 핵심적인 치료원칙에 꾸준히 주의를 기울여야 한다. 심지어 목적지에 이르는 도로가 아직 건설되지 못한 경우도 있으므로 치료자는 일차적으로 주변 환경을 살피면서 최적의 경로를 설정해야 한다. 기법중심 치료자는 운전을 잘해야 한다. 특히 기상조건이 열악한 위험지대를 지나갈 때 그렇다. 원칙중심 치료자도 운전을 잘해야 한다. 아울러 원칙중심 치료자는 주변 환경을 탐색해야 하고, 새로운 경로를 개척해야 하며, 중간에 길을 잃어버릴 위험성을 줄이기 위해서 전체적인 지도를 그려내야 한다.

원칙중심 심리치료는 기법중심 심리치료에 비해 적어도 세 가지 측면에서 더 어렵다.

첫째, 원칙중심 치료자는 주어진 상황에서 어떤 치료원칙을 따르는 것이 바람직한지 평가해야 하고, 어떻게 그 치료원칙을 적용할 것인지도 결정해야 한다. 그래서 많은 심리치료자가 이미 정해진 치료절차를 단순히 따라가는 방식을 더 선호한다. 하지만 그렇게 하면 치료원칙은 사라지고 치료기법만 남을 우려가 있다.

둘째, 원칙중심 치료자는 복수의 치료원칙을 동시에 고려해야 한다. 예컨대, 변증법적 행동치료에서는 치료자의 피드백을 중요하게 생각한다. 즉, 내담자의 문제행동이 치료자에게 어떤 영향을 미쳤는지 솔직하게 공개하라고 권유하는 것이다. 그러나 치료자는 자기공개라는 치료원칙을 무턱대고 지켜서는 안 된다. 첫 번째 치료원칙이 두 번째 치료원칙과 충돌하는 경우가 있기 때문이다. 만약 치료자의 자기공개가 오히려 내담자의 문제행동을 강화하는 결과를 초래한다면, 이것은 문제행동을 강화하지 말라는 또 다른 치료원칙을 정면으로 위배하는 것이다. 예컨대, 기술훈련집단에 불참한 내담자를 치료자가 직면시켰고, 치료자의 직면행동 때문에 불쾌해진 내담자가 치료자를 위협했고, 내담자의 위협행동 때문에 치료자가 불안감을 경험했고, 그래서 치료자가 내담자를 더 이상 직면시키지 못했다고 가정해 보자. 만약 내담자가 직면행동을 중단시키려고 의도적으로 치료자를 위협한 것이 아니라면, 앞에서 묘사한 연쇄과정을 내담자와 공유하는 치료개입이 내담자의 변화 동기를 고취시키는 데 유익할 것이다. 그러나 만약 내담자가 직면행동을 중단시키려고 의도적으로 치료자를 위협한 것이라면, 불안감을 느꼈다는 치료자의 솔직한 자기공개는 오히려 내담자의 위협행동을 강화하는 결과를 초래할 것이다. 이런 경우, 치료자가 직면적인 태도를 계속 유지하면서 자신의 불안을 스스로 조절하는 것이 바람직하다. 혹은 대안으로 내담자의 문제행동을 강화하지 않기 위해서 내담자의 위협행동이 전혀 원하지 않는 결과를 초래한다는 점을 강조할 수도 있을 것이다. 예컨대, 치료자는 내담자의 위협행동이 또 다른 치료목표, 즉 지지적인 치료관계의 형성과 유지를 방해하고 있다는 점을 부드럽게 지적할 수 있다.

셋째, 치료자에게 더 익숙한 치료원칙과 덜 익숙한 치료원칙이 있다는 점이 문제가 될 수 있다. 변증법적 행동치료자가 고수하는 치료원칙 중에는 심리치료와 유관한 영역에서 비롯된 것도 있고 심리치료와 무관한 영역에서 도출된 것도 있다. 변증법적 행동치료를 배우는 초심자는 흔히 자신에게 익숙한 치료원칙과 치료절차에 의존하고 새로운 치료원칙과 치료절차를 주저하는 경향을 보이는데, 치료효과를 높이려면 치료자가 먼저 경직성을 극복해야 한다.

02

통합적 치료모형

변증법적 행동치료만큼 다양한 수준과 복합적 요소의 통합을 강조하는 심리치료는 없을 것이다. '변증법적(dialectical)'이라는 명칭 자체가 차이를 인정하고 혁신을 포용하는 개방적 대화 및 발전적 종합을 의미한다(Stricker & Gold, 1993, p. 7). 치료과정에서 끊임없이 변화되는 내담자처럼 변증법적 행동치료는 어떤 순간에는 독자적인 모형을 견고하게 제시하고 다음 순간에는 혁신적인 견해를 유연하게 통합해서 꾸준히 진화한다.

변증법적 행동치료는 변증법적 통합의 정신을 여러모로 반영하고 있다. 첫째, 변증법적 행동치료는 다양한 이론을 광범하게 망라한다. Linehan(1993a)은 경계선 성격장애의 발생원인과 유지기제를 설명하면서 교환적 상호작용 모형을 제안했다. 이것은 선천적 기질을 강조하는 생물학적 이론과 후천적 학습에 주목하는 사회학적 이론을 변증법적으로 통합한 것이다. 아울러 변증법적 행동치료는 심리치료 분야의 참신한 연구결과를 개방적인 태도로 받아들인다.

둘째, 변증법적 행동치료는 변화와 수용의 변증법적 긴장에 주목한다. 경계선 성격장애를 효과적으로 치료하려면 전통적인 인지행동치료가 추구하는 적극적 변화 및 현재의 경험에 주의를 기울이는 근본적 수용이 동시에 필요하다. 과거에 Linehan(1993a)은 표준적인 인지행동치료자였다. 그녀가 치료한 대부분의 내담자는 성공적으로 치료과정을 마쳤다. 그러나 유사자살행동(parasuicidal behavior)을 반복하는 경계선 성격장애 내담자는 그렇지 못했다. 경계선 성격장애를 지니고 있는 내담자는 문제행동을 더 많이 드러냈고, 치료절차에 순응하지 않았으며, 치료 도중에 더 자주 탈락했다. 또한 그들은 치료자와 협력관계를 형성하지 못했고, 자신의 안전을 경시하는 무모한 모습을 보였으며, 치료목표를 설정하고 우선순위를 조정하는 작업에 실패했다. 아울러 그들은 만성적인 위기 상태에 놓여 있어서 불쾌한 상황이 끊임없이 반복되었다. 그래서 매뉴얼 형태로 구조화된 인지행동치료를 본격적으로 적용하는 것이 상당히 힘들었다.

이런 현상을 고려할 때, 표준적인 인지행동치료만으로는 경계선 성격장애를 지니고 있는 내담자를 효과적으로 치료하기 어렵다는 결론이 도출된다. 인지행동치료자는 내담자의 인지와 정서와 행동을 변화시키려고 적극적으로 노력한다. 하지만 바로 그 이유 때문에 내담자가 치료방해행동(therapy-interfering behavior)을 할 가능성이 높아진다. 치료자가 지나치게 변화를 강조하면 내담자는 자신에게 무언가 잘못이 있다는 뜻으로 오

해하기 쉽다. 비록 내담자 자신도 변화가 필요하다는 치료자의
의견에 동의하더라도 마찬가지다. 다시 말해, 내담자는 표준적
인 인지행동치료를 구사하는 치료자가 자신의 특정한 행동을 수
용하고 인정하지 않을 뿐만 아니라 자신의 존재 자체를 수용하
고 인정하지 않는다고 잘못 받아들일 잠재적 위험성이 있다. 치
료자는 내담자가 경험하고 있는 두려움을 충분히 타당화해야 한
다. 경계선 성격장애를 지니고 있는 내담자는 자신의 정서적 체
험, 인지적 해석, 행동적 반응을 전혀 신뢰하지 못하기 때문이
다. 심리학적 연구에 따르면, 내담자가 치료자에게 수용되지 못
하고 인정받지 못한다고 지각하면 치료방해행동이 빈번하게 나
타난다(Swann, Stein-Seroussi, & Giesler, 1992). 기본적인 자기개
념이 타당화되지 않으면 각성 수준이 증가한다. 각성 수준이 증
가하면 인지적인 조절이 곤란해지고 새로운 정보를 처리하지 못
하게 된다. 뒤에서 소개할 생물-심리-사회모형에 따르면, 경계
선 성격장애를 지니고 있는 내담자는 타인이 자신을 수용하지
않을 때 특히 민감하게 반응한다. 따라서 인지행동치료 과정에
서 내담자가 과도하게 각성될 가능성이 크다.

변화와 수용의 변증법적 균형을 추구하는 Linehan(1993a)은
수용을 강조하는 선불교의 원리(예: Aitken, 1982)와 마음챙김 훈
련(예: Hanh, 1987)을 심리치료에 통합했다. 선불교는 현재의 경
험을 변화시키려고 애쓰지 말고 근본적으로 수용하라고 가르친
다. 앞으로 선불교와 마음챙김의 원리를 자세히 살펴볼 텐데 여
기서 주의해야 할 것이 있다. Linehan(1993a)이 언급했듯이 무조

건적 수용과 타당화를 강조하는 치료모형도 동일한 현상, 즉 내담자를 타당화하지 못하는 문제를 초래한다. 이것은 참으로 역설적이다. 만약 치료자가 오로지 내담자의 자기수용과 자기인정만 강조하면, 내담자는 치료자가 자신의 문제를 대수롭지 않게 여긴다고 생각할 잠재적 위험성이 있다. 치료자가 변화의 필요성을 강조하지 않거나 문제를 해결하려고 노력하지 않으면, 내담자는 자신의 삶이 얼마나 견디기 힘들고 참을 수 없는지를 치료자가 전혀 모른다고 생각할 가능성이 있기 때문이다. 이런 경우에도 치료방해행동이 나타난다.

변화를 강조하는 행동주의 원리와 수용을 중시하는 선불교 원리 사이에서 빚어지는 긴장을 해결하려면 상반되는 두 가지 관점을 통합할 수 있는 인식론적 틀이 필요했다. Linehan(1993a)은 정-반-합의 과정에 주목하는 변증철학에서 실마리를 발견했다. 변증법적 행동치료는 이론적 연구와 임상적 경험 사이의 끊임없는 긴장 및 서양 철학과 동양 철학 사이의 끊임없는 긴장을 통해 꾸준히 진화했다. 이것은 심리치료의 통합을 추구하는 이론가와 임상가가 거쳤던 과정과 비슷하다(Arkowitz, 1989, 1992; Norcross & Newman, 1992).

셋째, 경계선 성격장애에서 나타나는 문제행동은 복잡하고 심각하다. 이 점을 고려해서, 변증법적 행동치료는 상호보완적인 치료구조를 고안했다. 뒤에서 자세히 설명하겠지만 변증법적 행동치료의 구조적 특징은 다양한 치료양식(개인심리치료, 기술훈련집단, 전화접촉, 치료자문집단) 사이의 관계에서 확연히 드러난다.

각각의 치료양식은 다른 치료양식을 보완해서 전체적인 치료효과를 향상시킨다. 예컨대, 기술훈련집단은 내담자에게 효과적인 기술을 학습하고 연마하는 기회를 제공하고, 개인심리치료는 기술훈련집단에서 습득한 기술을 강화하는 방향으로 진행된다. 전화접촉은 그 기술을 일상생활에 적용하도록 촉진하는 효과를 낳는다. 만약 개인심리치료를 담당하는 치료자가 기술훈련집단까지 맡는다면, 그 밖의 다른 문제를 해결하는 데 치료시간을 투자하기는 어려울 것이다. 역으로, 개인심리치료와 전화접촉 없이 기술훈련집단만 실시하면, 내담자는 자신이 학습한 기술을 아예 활용하지 못할 것이며, 혹은 조금 활용한다고 하더라도 효율이 떨어질 것이다.

표준적인 심리치료만 실시했을 때 얻은 치료효과와 표준적인 심리치료에 변증법적 행동치료의 기술훈련집단을 추가했을 때 얻은 치료효과를 비교한 연구(Linehan, Heard, & Armstrong, 1995)에 따르면, 1년간의 심리치료에서 두 조건의 치료효과는 비슷했다. 향후 연구에서도 변증법적 행동치료의 기술훈련집단이 치료효과를 더 증진시켰다는 결과를 얻지 못할 수 있다. 여기서 중요한 것은 단순히 기술훈련집단을 추가했느냐의 여부가 아니라 기술훈련집단이 다른 치료양식과 어떻게 통합되느냐의 문제다.

변증법적 행동치료는 기존의 심리치료에 단순히 무언가를 추가한 것이 아니다. 변증법적 행동치료자는 새롭게 도입한 치료개입이 치료과정 전반에 어떤 영향을 미치는지 세심하게 관찰해야 하며, 추가한 개입과 기존의 개입 사이에서 벌어지는 상호작용을 명백하게 파악해야 한다. 임상경험에 의하면, 이런 노력이 없으면 최상의 치료효과를 기대하기 어렵다. 심지어 새로 추가한 치료개입 때문에 변증법적 행동치료의 치료효과가 상쇄되거나 치료방해행동이 증가될 우려도 있고, 치료자들 사이에서 분열(splitting)이 발생할 염려도 있다. 예컨대, 내담자가 자살사고를 이전보다 빈번하게 보고해서 추가로 치료자를 배정한 경우, 만약 내담자가 치료자와 더 자주 만나는 것에 의미를 둔다면 내담자의 자살사고는 오히려 증가될 소지가 있다. 이런 문제를 최소화하기 위해 변증법적 행동치료를 진행하는 동안에는 다른 치료작업에 참여하지 말라고 내담자에게 요청한다.

마지막으로, 변증법적 행동치료는 심리학 분야 이외의 다양한 영역에서 개발된 치료전략과 치료기법까지 통합한다. 주로 전통적인 인지행동치료에서 형성된 치료기법을 활용하지만, 위기관리 전략처럼 인접 분야에서 개발된 임상적 개입방법도 차용한다. 예컨대, 변증법적 행동치료자는 내담자와 함께 치료목표를 설정하고 합의하여 치료과정에 전념하겠다는 약속을 받는다. 이것은 목표에 동의하고 과정에 전념하면 처음의 계획을 잘 실천하고 오래 실행한다는 사회심리학 연구의 성과를 응용한 전략이다(예: Hall, Havassy, & Wasserman, 1990; Wang & Katzev, 1990). Linehan(1993a)은 사회심리학의 두 가지 기법, 즉 '문간에 발 들여놓기(foot-in-the-door; Freedman & Fraser, 1966)'처럼 작은 것부터 요구하는 기법 및 '불쑥 쳐들어가기(door-in-the-face; Cialdini et al., 1975)'처럼 큰 것부터 요구하는 기법을 적절히 혼용한다. 아울러 변증법적 행동치료자는 서양의 심리학에 국한하지 않고 마음챙김훈련과 같은 동양의 선불교 수행까지 포괄한다. 변증법적 행동치료자는 심리치료의 통합을 지향하는 사람들이 강조하는 치료기법 절충주의(technical eclecticism)를 수정해서, 행동주의 원리와 선불교 원리를 변증법적으로 통합하는 데 유익하면 어떤 치료기법이든 자유롭게 활용한다. 다시 말해, 변증법적 행동치료는 원칙중심 심리치료를 지향한다. 앞서 언급했듯이 치료원칙을 강조하는 것은 내담자뿐만 아니라 치료자에게도 매우 중요하다. 특히 경계선 성격장애처럼 치료하기 어려운 내담자를 치료할 때는 치료원칙을 일관적으로 고수해야 한다.

03

변증철학

변증법적 행동치료의 철학적 기반인 변증철학은 심리치료의 전개과정, 치료성과의 축적과정, 그리고 치료의 전개와 성과의 축적을 방해하는 갈등의 해결과정을 설명하는 데 도움이 된다. 고대 그리스의 철학자들은 논리를 피력하는 수단으로 변증철학을 활용했지만, 근대 서양의 철학자들은 다양한 영역의 진보를 설명하는 방편으로 변증철학을 확장시켰다. 예컨대, Tucker(1978)는 경제의 성숙을 설명하기 위해 변증철학을 동원했고, Kuhn(1970)은 과학의 발전을 설명하기 위해 변증법을 적용했다. 변증철학은 상반되는 명제들 사이의 모순을 발견하고 해결하여 끊임없이 새로운 명제를 도출하는 정-반-합의 과정이다(Webster's New World Dictionary, 1964, p. 404). 심리치료 영역에 변증철학을 도입한 Linehan(1993a; Linehan & Schmidt, 1995)은 자기발달이론(Kegan, 1982), 인지발달이론(Basseches, 1984), 진화생물학(Levins & Lewontin, 1985)의 영향을 강하게 받았다. 특히 변증법적 행동치료는 다음 세 가지 변증법적 가정을 통해 현상의 본질을 파악해야 한다고 강조한다. 첫째, 모든 현상은 서로 연관되어 있다. 즉, 체계적이다. 둘째, 모든 현상은 반대의 측면을 내포하고 있다. 즉, 이질적이다. 셋째, 모든 현상은 끊임없이 변화한다.

연관성

모든 현상은 서로 연관되어 있다. 체계의 내부와 체계의 외부가 연관되어 있고, 모든 문제는 원인과 결과가 복잡하게 얽혀서 드러난다. Levin과 Lewontin(1985)은 "부분과 전체는 서로 연관되어 진화하고, 부분과 전체의 관계 자체도 꾸준히 진화한다. 이것을 인정하는 것이 변증철학의 핵심이다. 하나의 현상은 다른 현상 없이 존재할 수 없고, 하나의 현상을 제대로 밝히려면 반드시 다른 현상과의 연관성을 파악해야 한다."고 주장한다.

이런 맥락을 고려하면, 치료자는 내담자의 문제행동을 유지시키는 요인을 분석하면서 체계의 역기능이 개인의 역기능에 어떤 영향을 미치고 있는지를 두 가지 수준에서 파악해야 한다.

첫째, 개인의 내부에 공존하는 상호 중첩된 체계들(생화학적 체계, 정서조절체계, 정보처리체계 등) 사이의 연관성을 고려해야 한다. 예컨대, 세로토닌이 제대로 분비되지 않으면 정서적으로 불안정해진다. 정서적으로 불안정해지면 인지적인 결함이 초래된다. 인지적인 결함 때문에 문제해결능력을 발휘하지 못하면 심각한 위기가 찾아오고, 결과적으로 정서적인 불안정이 다시 극심해지는 순환적 연쇄고리가 형성된다. 이렇게 여러 체계에서 연쇄적인 문제가 발생하면 당연히 여러 수준에서 치료작업을 진행해야 한다. 그러나 체계이론에 따르면, 하나의 치료개입이 상호 연관된 여러 체계에 동시다발적인 영향을 미칠 것이라고 예상할 수 있다. 예컨대, 약물치료를 통해 세로토닌 분비를 조절하면 앞에서 언급한 연쇄반응이 아예 시작되지 않을 것이고, 정서조절기술을 향상시키면 생화학적 변화에 효과적으로 대처할 수 있고 정보처리 능력의 손상을 최소화할 수 있다.

둘째, 개인의 외부에 존재하면서 개인의 내부에 영향을 미치는 상호 중첩된 체계들(가족, 문화, 환경 등) 사이의 연관성을 고려해야 한다. 문제행동의 원인을 정확하게 파악하려는 변증법적 행동치료자는 내담자의 생물학적 특성과 심리학적 특성뿐만 아니라 인간관계 특성까지 반드시 평가해야 한다. 실제로 많은 내담자가 역기능적 행동을 강화하고 순기능적 행동을 처벌하는 체계에서 생활하고 있거나 그런 체계와 상호작용하고 있다. 예컨대, 자살을 시도해서 정신병원에 입원한 내담자의 경우, 폐쇄병동에 입원했더니 치료진이 따뜻하게 돌봐 주었다는 경험 혹은 정신병원에 입원했더니 자녀양육과 가사노동의 책임에서 벗어나더라는 경험에 의해 오히려 자살행동이 강화될 수 있다. 다른 예로, 실업수당을 받아서 생계를 꾸리고 있는 가족이 구직활동을 시도하는 내담자를 분수에 맞게 살라고 비난하고 처벌하는 사건도 벌어질 수 있다.

이런 문제는 심리치료과정에서도 발생한다. 치료자와 내담자의 인간관계도 하나의 체계이기 때문이다. 변증법적 행동치료자는 치료관계라는 체계에 주의를 기울이고, 이 체계에서 발생하는 대인관계 긴장과 치료방해행동에 각별한 관심을 쏟는다. 치료자는 치료관계에 영향을 주는 사람이자 상호작용의 영향을 받는 사람이다. 내담자 역시 치료자에게 영향을 미치고 치료자로부터 영향을 받는다. 예컨대, 치료자가 어떤 주제를 다루려고 시도할 때마다 내담자가 공격적인 언어반응을 보이면 치료자가 그 주제를 본격적으로 다룰 가능성은 낮아진다. 내담자는 치료자의 치료적 행동을 처벌한 것이고 치료자는 내담자의 공격적 행동을 강화한 것이다. 이처럼 본인이 체계의 일부인 경우, 스스로 상호작용을 변화시키는 것은 상당히 어렵다. 그래서 변증법적 행동치료자는 치료자문집단(consultation team)이라는 다른 체계에도 참여한다. 치료자를 치료하는 치료자문집단은 경계선 성격장애 내담자를 치료하는 과정에서 소진된 치료자를 돌본다. 그렇게 함으로써 치료자의 동기를 회복할 수 있고, 내담자를 포기하지 않고 다시 효과적으로 개입하게 격려할 수 있다. 즉, 변증법적 행동치료자는 치료관계라는 체계의 역기능적 상호작용을 반드시 극복해야 하는 것이다.

상반성

변증철학은 전체의 복잡성에 주목한다. 현실은 역동적이다. 현실은 정체되어 있지 않다. 모든 현실은 상반되는 힘인 정(正)과 반(反) 사이의 끊임없는 긴장으로 구성된다. 정과 반이 충돌해서 합(合)이 도출될 때 발전이 일어나는데, 이렇게 도출된 합(이면서 동시에 정)과 상반되는 새로운 힘(즉, 반)도 곧이어 출현한다. 변증철학은 흑색도 아니고 백색도 아니고 회색도 아닌 복잡하고 이질적인 현실을 있는 그대로 인정한다.

심리치료과정에도 긴장이 존재한다. 긴장은 내담자의 내부에서 잉태될 수도 있고 치료자의 내부에서 비롯될 수도 있다. 또한 긴장은 내담자와 치료자 사이에서 혹은 치료자와 치료체계(예: 병원) 사이에서 빚어질 수도 있다. 예컨대, 내담자는 약물복용이 해결책이라고 주장하는데 치료자는 약물복용이 문제점이라고 주장하는 경우, 내담자는 입원치료가 현재의 자살위기를 경감시키는 상책이라고 생각하는데 치료자는 입원치료가 미래의 자살위기를 증폭시키는 하책이라고 생각하는 상황, 내담자는 치료자를 만나는 빈도를 늘리는 것이 바람직하다고 여기는데 치료자는 내담자가 혼자서 버티는 것이 바람직하다고 여기는 경우 등이 치료과정에서 벌어지는 긴장이다. 변증법적 행동치료자는 긴장을 해소하기 위해 통합을 추구한다. 가장 효과적인 통합은 상반되는 주장을 각각 어느 정도씩 수용하고 인정해서 더 바람직한 대안을 마련하는 것이다. 예컨대, 약물복용에 대해 내담자와 치료자가 상반되는 의견을 피력하는 상황을 고려해 보자. 내담자가 약물복용이 해결책이라고 주장하는 이유는 약을 먹으면 불안이 빠른 속도로 감소되기 때문이다. 치료자는 그 심정을 충분히 헤아릴 수 있다. 이런 경우, 불안의 감소를 치료목표로 설정하면 내담자와 치료자는 비교적 쉽게 합의점을 도출할 수 있다. 그러나 여기서 도출된 합의점은 곧이어 새로운 힘과 긴장을 형성한다. 왜냐하면, 약물복용은 직접적 및 간접적으로 불안을 감소시키는 것이 아니라 오히려 장기적으로 불안을 증가시키는 결과를 초래하기 때문이다. 이런 상황에서 치료자는 불안을 예방하는 방법을 가르치고 불안을 조절하는 기술을 훈련하는 방향으로 치료목표를 변경해서 새로운 합의점을 이끌어 낼 수 있다.

변화와 수용은 상반된다. Linehan(1993a)에 따르면, 심리치료는 변화와 수용을 동시에 추구하므로 본질적으로 역설이다. 그러나 치료효과는 역설의 맥락에서 나타난다. 변화는 오직 수용을 통해 일어나고, 수용은 그 자체가 일종의 변화이기 때문이다. Linehan(1993c)은 수용을 '현실을 왜곡하지 않고, 좋거나 나쁘다는 판단을 덧붙이지 않고, 체험에 집착하거나 체험을 회피하지 않고, 개방적인 태도로 온전하게 경험하는 것'이라고 묘사했다. 아울러 '자신의 선호나 혐오가 빚어낸 자욱한 안개가 걷혔을 때 드러나는 근본적 진실'이 수용이라고 정의했다. Linehan(1993c)이 주장하는 근본적 수용(radical acceptance)은 '분별하는 마음 없이 현재의 순간과 실체를 받아들이는 전인적 행동'을 뜻한다. 예컨대, 내담자의 파괴적인 행동을 수용하는 것은 이미 벌어진 행동을 받아들이는 것뿐만 아니라 그 행동이 심각한 손상을 초래했다는 사실도 받아들이는 것이다. 더 나아가서 손상을 복구하려면 그 행동을 반드시 수정할 필요가 있다는 엄연한 현실까지 기꺼이 받아들이는 것이 진정한 의미의 수용이다.

변증법적 행동치료자는 내담자를 온전하게 받아들이는 수용

전략과 내담자의 문제행동을 수정하는 변화전략 사이에서 변증
법적 균형을 유지하려고 노력한다. 내담자의 행동은 어느 한편
으로는 타당한 반응이고 다른 한편으로는 해결할 문제이기 때문
이다. 변증법적 행동치료자는 내담자에게 이런 지혜를 일깨우려
고 진력한다. 예컨대, 대처기술이 빈약한 내담자는 치료자가 여
름휴가 이야기를 꺼낼 때 공포를 경험할 것이다. 내담자가 경험
한 공포는 타당한 반응이다. 만약 치료자가 내담자를 배려해서
여름휴가를 포기하면 내담자는 적절히 기능할 수 있을 것이다.
그러나 내담자는 치료자와 분리되는 상황에 대처하는 기술을 반
드시 학습해야 한다. 왜냐하면, 치료자는 정당한 여름휴가를 떠
날 것이기 때문이다. 이런 경우, 두 사람의 입장을 모두 타당화
하면서 치료적 진전을 꾀할 수 있는 합의점을 찾아야 한다. 예컨
대, 치료자는 여름휴가라는 분리 상황에 대처하는 기술을 내담
자에게 집중적으로 가르치는 시간을 추가로 마련할 수 있다.

　행동주의와 선불교의 원리를 변증법적으로 통합하는 과정에
서, 변화와 수용을 동시에 추구하는 치료자의 균형 감각이 향상
된다. 행동주의는 변화의 기술을 제시하고 선불교는 수용의 기
술을 제공하기 때문이다. Linehan과 Schmidt(1995)에 따르면, 두
가지 치료원리 사이에서 벌어지는 긴장은 변증법적 물질론과 변
증법적 이상론 사이의 변증법적 긴장이다(Reese, 1993).

　변증법적 행동치료의 기반인 행동주의에 대응되는 변증법적 물질론
에 의하면, 인간은 어지러운 세상에 자기 나름의 질서를 부여하는 존

재다. 변증법적 행동치료의 뿌리인 선불교에 대응되는 변증법적 이상론에 의하면, 인간은 세상에 내재되어 있는 일관적인 패턴을 인식하고 경험하는 존재다(Linehan & Schmidt, 1995, p. 558).

서로 반대되는 치료원리를 변증법적으로 통합함으로써 치료자는 자살위기에 처한 내담자가 "인생은 본질적으로 유의미하고 전반적으로 무의미하다."는 사실을 깨닫도록 안내한다(Linehan & Schmidt, 1995, p. 556). 행동주의는 변화이고 선불교는 수용이라는 구분은 어디까지나 상대적이다. 행동주의 안에도 변화뿐만 아니라 수용의 철학이 내포되어 있고, 선불교 안에도 수용뿐만 아니라 변화의 철학이 농축되어 있다. 거의 모든 심리치료가 그렇듯이 행동주의도 치료자가 기대하는 변화를 내담자에게 강요하지 말고 내담자를 있는 그대로 수용하라고 치료자를 권면하며, 선불교도 영원한 현재는 존재하지 않으며 모든 것은 계속해서 변화하고 있다는 사실을 강조한다.

변화성

변증철학에 따르면 변화는 현실의 근본이고 경험의 본질이다. 모든 개인과 환경은 정-반-합의 과정을 통해 끊임없이 변화하고 있다. 그러나 항상 긍정적인 방향으로 변화하는 것은 아니다.

모든 심리치료는 변화를 촉진한다. 하지만 변화의 유형과 수준은 치료모형마다 조금씩 다르다. 변증법적 행동치료자가 변화에 주목하면서 행동을 수정하려고 노력하는 까닭은 내담자가 감당하기 어려운 고통을 겪고 있기 때문이다. 아울러 변증법적 행동치료는 치료자의 자유로운 변화를 권장한다. 일반적인 인간관계에서 두 사람의 만남이 거듭되면서 서로 허용하는 범위가 차츰 넓어지듯이 치료관계에서도 유사한 변화가 나타난다. 예컨대, 치료관계가 성숙되면 치료자가 내담자에게 개인적인 전화연락을 허용할 수도 있고, 치료자의 자기공개를 통해 내담자에게 본보기를 보여 줄 수도 있다.

개별 접촉의 허용 범위도 치료관계의 변화에 조응해서 끊임없이 변화한다. 예컨대, 내담자가 너무 자주 연락하면 치료자는 전화접촉의 빈도를 조절할 것이고, 내담자가 치료자의 비밀을 타인에게 발설하면 치료자는 자기공개를 중단할 것이다. 치료자의 생활 패턴이 달라질 때도 마찬가지다. 예컨대, 치료자가 출산하고 이사하면 그에 걸맞은 변화가 필요하다. 내담자가 치료실 안의 인간관계에서 변화를 겪어내면, 치료실 밖의 인간관계에서도 자연스러운 변화를 감당하게 된다. 치료경험을 일상생활로 일반화시키는 것이다. 심리치료의 목표는 내담자를 온실에서 보호하는 것이 아니라 필연적인 변화에 적절하게 대처하는 방법을 가르치는 것이다. 예컨대, 기술훈련집단 담당자가 순번대로 바뀌면 내담자가 불편해할 수 있다. 치료자는 이 기회를 활용해서 바로 그 불편한 경험을 적절히 다루도록 훈련시킬 수 있다. 변증법적 행동치료가 치료자에게 요구하는 것은 오직 치료원칙을 철저하게 고수하라는 것뿐이다.

행동주의가 중시하는 변화와 선불교가 강조하는 변화는 미묘하게 다르다. 행동주의는 내담자의 감정, 생각, 행동, 환경을 적극적으로 변화시키려고 강화를 제공하고, 노출을 실시하고, 기술을 훈련하고, 해결책을 모색한다. 선불교는 내면에서 일어나는 모든 경험을 있는 그대로 받아들이는 마음챙김을 의도적인 변화보다 더 강조한다. 결론적으로 변화는 두 가지 경로에서 일어난다. 행동주의는 자살충동에 대처하는 생존기술을 훈련시킴으로써 자살행동을 감소시키는 경로를 선택하고, 선불교는 자살충동을 관찰하고 수용하는 자각기술을 가르침으로써 자살행동을 감소시키는 경로를 채택한다. 두 가지 방법은 상호보완적으로 작용한다. 한편으로, 자살충동을 줄이려면 자살충동에 영향을 미치는 요인을 알아차리는 능력을 향상시켜야 한다. 다른 한편으로, 자살충동을 악화시키지 않으면서 차분하게 관찰하면 시간의 흐름에 따라 자살충동이 자연스럽게 감소된다.

04

정서의 우선성

인지행동치료 스펙트럼의 다른 치료모형과 비교할 때, 변증법적 행동치료는 정서의 중요성과 우선성을 더 강조한다. 변증법적 행동치료에서 정서는 결과가 아니라 원인이다. 인지치료는 사건(A)과 정서(C)를 인지(B)가 매개한다는 인지매개가설(즉, A-B-C 모형)을 채택한다. 이 경우, 정서는 원인이 아니고 결과다. 그러나 변증법적 행동치료는 인지가 사건과 정서를 반드시 매개하는 것은 아니라고 주장한다. 변증법적 행동치료는 정서를 '사건에 의해 촉발되는 내면적 체계반응의 총합'이라고 정의한다. 경계선 성격장애를 지니고 있는 내담자가 복잡한 문제행동을 보이는 까닭은 정서적으로 취약해서 내면적 체계반응이 빈번하게 유발되기 때문이고, 정서조절능력에 결함이 있어서 내면적 체계반응을 적절히 조절하지 못하기 때문이다(Linehan, 1993a).

정서: 내면적 체계 반응의 총합

정서를 불러일으키는 촉발사건은 여러 체계를 동시에 활성화시켜서 다중체계반응(multi-system response)을 유발한다. 정서적 반응은 단순히 어떤 감정을 경험하는 것에 그치지 않는다. 정서적 반응은 생리적 반응(예: 신경전달물질, 혈류량 및 근육 긴장도의 변화), 감각적 반응(예: 위장의 수축, 안면의 홍조, 정서의 감지, 행동 경향성의 발현), 행동적 반응(예: 얼굴 표정, 언어적 행동, 신체적 행동), 그리고 인지적 반응을 모두 포함한다. Linehan(1993a)에 따르면, 어떤 경우에는 인지적 반응(예: 판단, 해석)의 매개를 통해 다중체계반응이 일어나지만, 다른 경우에는 인지의 매개를 통하지 않더라도 자동적 반응(예: 고전적으로 조건형성된 직면-회피 반응)이 발생한다. 변증법적 행동치료자는 촉발사건이 불러일으키는 동시다발적인 내면적 체계반응의 모든 측면에 주의를 기울인다. 그리고 자동적으로 유발된 것이든 인지적으로 매개된 것이든 상관없이 정서적 반응을 수정하려고 노력한다. 변증법적 행동치료자는 경계선 성격장애를 지니고 있는 내담자의 정서체계에 두 가지 문제가 내포되어 있다고 가정한다. 첫 번째 문제는 정서적 취약성이고, 두 번째 문제는 정서조절능력의 결핍이다.

정서적 취약성

Linehan(1993a)은 경계선 성격장애를 지니고 있는 내담자가 만성적인 정서조절곤란 문제를 드러내는 까닭을 생물학적 소인

으로 설명한다. 이것을 정서적 취약성(emotional vulnerability)이
라고 부른다. 정서적 취약성은 유전되었을 수도 있고, 열악한 태
내 환경이나 초기의 외상 경험 때문에 조성되었을 수도 있다. 여
러 연구자가 정서적 취약성의 생물학적 근원을 제시하고 있지만
(Bateman & Fonagy, 2004; Linehan, 1993a), 경계선 성격장애의 병
인론에서 정서적 취약성이 차지하는 비중은 앞으로 더 탐색할
필요가 있다. 정서적 취약성은 다음 세 가지 특징으로 요약된다.

- **정서적 자극에 대한 과민성:** 경계선 성격장애를 지니고 있는
  내담자는 정서적 자극에 지나치게 민감해서 사소한 자극만
  받아도 쉽게 각성된다. 그 결과, 보통 사람에 비해 정서적
  자극에 더 빈번하게 반응한다.
- **정서적 자극에 대한 반응성:** 경계선 성격장애를 지니고 있는
  내담자는 정서적 자극에 지나치게 신속하고 강력하게 반응
  한다. 그 결과, 보통 사람에 비해 정서적 자극에 더 강렬하
  게 반응한다.
- **정서적 각성상태의 지속성:** 경계선 성격장애를 지니고 있는 내
  담자는 정서적으로 각성되었다가 기저선으로 회복되기까지
  더 많은 시간이 소요된다. 그 결과, 보통 사람에 비해 정서
  적 각성상태가 더 오랫동안 지속되며, 추후에 제시되는 정
  서적 자극에 더 민감하게 반응한다.

정서적 각성을 경험하는 빈도, 강도, 지속시간 측면의 정서적

취약성 때문에 경계선 성격장애를 지니고 있는 내담자는 그 밖의 체계를 조절하는 데도 어려움을 겪는다. 예컨대, 정서적으로 각성되면 외현적 행동을 억제하는 것이 힘들어진다. 그래서 충동적인 행동 혹은 유사자살행동이 나타난다. 정서적으로 각성되면 인간관계를 조율하는 것이 어려워진다. 그래서 무분별한 성관계 혹은 버림받지 않으려는 부적절한 시도가 나타난다. 정서적으로 각성되면 사고과정이 붕괴되면서 편집증적 사고 혹은 해리증상이 나타난다. 또한 자기에 대한 인식이 불안정해지면서 공허감을 경험하고 정체감을 혼동한다.

이런 설명은 변증법적 행동치료의 독창적인 관점을 잘 보여준다. 즉, 변증법적 행동치료자는 경계선 성격장애에서 나타나는 여러 증상을 '조절되지 못한 강렬한 정서 경험에 의해 유발된 당연한 결과' 혹은 '강렬한 정서 경험을 회피하려고 내담자가 시도하는 필사적 노력'이라고 간주한다. 예상할 수 있듯이, 이렇게 여러 체계에서 문제가 발생하면 내담자가 다시 정서적으로 각성되는 악순환이 형성되고, 내담자는 고통스러운 강렬한 정서를 조절해야 하는 부담을 떠안는다. 아울러 변증법적 행동치료자는 어떤 체계에서 발생한 문제를 수정하거나 감소시키면 그것이 다른 체계에도 긍정적인 영향을 미칠 잠재적 가능성이 있다는 점에 주목한다. 예컨대, 유사자살행동의 빈도를 감소시키면 행동적 체계의 문제가 줄어들 뿐만 아니라 정서적 체계의 문제까지 줄어들 수 있고(예: 유사자살행동을 했다는 수치심이 감소됨), 인간관계 체계의 개선도 기대할 수 있다(예: 배우자와의 갈등이 감소됨,

자신을 떠나 버릴 것이라는 걱정이 감소됨). 따라서 변증법적 행동
치료자는 모든 체계(정서적 체계, 인지적 체계, 행동적 체계, 인간관
계 체계, 자기인식 체계)를 중요하게 생각하지만, 그중에서 정서적
체계에 가장 주목한다. 즉, 경계선 성격장애 병인론의 핵심은 정
서조절곤란(emotional dysregulation)이다. 정서조절곤란은 앞에
서 설명한 정서적 취약성과 뒤에서 설명할 타당화하지 않는 환
경 사이에서 벌어지는 교환적 상호작용의 결과다.

정서조절능력 결핍

경계선 성격장애를 지니고 있는 내담자는 정서조절능력이 결
핍된 사람이다(Linehan, 1993a). Gottman과 Katz(1990)에 따르면,
목표를 달성하지 못하게 방해하는 비효율적인 정서를 조절하려
면 다음의 네 가지 과제를 수행해야 한다.

- 정서와 연합된 각성 수준을 변화시킨다.
- 주의를 재배치한다.
- 기분-의존적 행동을 억제한다.
- 목표에 부합하는 행동을 시도한다.

네 가지 과제는 연속적이다. 앞의 과제를 잘 수행해야 뒤의 과
제를 잘 수행할 수 있고, 앞의 과제를 수행할 때보다 뒤의 과제
를 수행할 때 인지적인 노력이 더 많이 필요하다. 따라서 만약
내담자가 지나치게 각성되어 있다면, 첫 번째 과제(즉, 각성 수준

의 변화)를 네 번째 과제(즉, 목표에 부합하는 행동)보다 먼저 수행해야 심리치료에 성공할 가능성이 높다. 첫 번째 과제인 각성 수준을 변화시키는 치료기법은 표준적인 인지행동치료에서도 널리 사용하고 있다. 예컨대, 불안감과 분노감을 조절하기 위해 복식호흡훈련과 긴장이완훈련을 실시하면 각성 수준이 현저하게 감소된다. 반대로, 우울한 내담자에게 행동활성화기법을 적용하면 각성 수준이 적절하게 증가된다. 두 번째 과제인 주의를 재배치하는 치료기법의 핵심은 내담자로 하여금 정서를 유발하는 자극에 더 이상 주의를 기울이지 못하게 하는 것이다. 이것은 일종의 주의분산이다. 세 번째 과제를 수행할 때는 정서가 행동경향성(action tendency)과 연합되어 있다는 점을 고려해야 한다. 특정한 정서는 특정한 행동을 유발한다. 그런데 정서가 유발하는 자동적 행동을 수행하면 그 정서의 강도가 감소되는 것이 아니라 오히려 유지되거나 심지어 증가된다. 따라서 정서를 조절하려면 특정한 정서가 유발하는 자동적 행동이 아니라 정반대의 행동을 선택하는 것이 지혜롭다. 예컨대, 치료자에 대한 분노감을 조절하려면 내담자는 치료실 안을 돌아다니면서 주먹을 휘두르고 언성을 높이는 행동이 아니라 손을 무릎에 올린 채 가만히 앉아서 조용히 이야기하는 행동을 선택해야 한다. 또한 내담자는 치료자를 향해서 가혹한 언어적 판단을 내리는 대신에 치료자를 이해하는 유순한 언어적 표현을 선택해야 한다. 이것이 기분–의존적 행동을 억제하고 그것과 정반대로 행동하는 것이다. 그렇게 해야 정서를 조절할 수 있다. 네 번째 과제와 관련하여, 경계선 성격장애를 지니고 있는 내담자는 목표에 부합하는 행동이 아니라 주로 정서적 고통에서 벗어나려는 행동에 몰두하는 경향이 있다. 예컨대, 공황장애를 겪고 있는 내담자의 일상생활은 공황발작이라는 고통스러운 경험을 회피하려는 행동으로 점철되어 있다. 강의시간에 출석하고 쇼핑센터에 방문해야 함에도 불구하고 그것을 적극적으로 회피하는 것이다. 분노하고 있는 내담자는 약물치료를 고려하자고 요청하는 정신과의사의 타당한 주장을 배척하고 자신의 입장을 강조하는 데만 열을 올리고 언성을 높인다. 마지막 과제이자 가장 어려운 과제를 수행하는 과정에서 변증법적 행동치료자는 내담자가 감정의 발산이 아니라 문제의 해결에 초점을 맞추도록 유도한다. 그리고 내담자가 목표에 부합하는 행동을 계획하고 실천하게 지원한다. 변증법적 행동치료자는 이 단계에서 어떤 정서조절능력을 발휘할 필요가 있는지 내담자와 함께 논의하고 그것을 여러 차례 연습한다. 그렇게 해야 내담자가 적절한 시점에 정서조절기술을 발휘할 수 있다.

변증법적 행동치료자가 정서를 중요하게 여기는 까닭은 정서적 취약성과 정서조절능력 결핍의 상호작용으로 정서조절곤란 상태가 초래되기 때문이다. 내담자의 입장에서 문제행동은 정서를 표현하는 기능 혹은 정서를 조절하는 기능을 담당한다. 이러한 기능분석이 선행되지 않으면 더 바람직한 방식으로 정서를 표현하고 조절하는 방법을 찾아내는 것은 불가능하다. 문제행동의 기능을 분석할 때, 변증법적 행동치료자는 정서의 종류, 강도, 기능을 꾸준하게 평가해야 한다. 그리고 더 나아가서 정서를 경험하고 조절하는 새로운 기술을 가르쳐서 내담자의 정서조절 능력을 향상시켜야 한다(18~23장).

05

교환적 상호작용

Linehan(1993a)은 경계선 성격장애의 발생원인과 지속기제를 설명하면서 생리적·심리적·사회적 요인의 상호적 인과관계를 강조하는 교환적(transactional) 상호작용 모형을 제시했다. 경계선 성격장애를 지니고 있는 사람은 선천적으로 타고난 정서적 취약성 및 후천적으로 제공된 타당화해 주지 않는 환경 때문에 정서조절곤란 상태에 놓이게 된다. 그런데 선천적 취약성과 후천적 취약성은 단순히 합산되는 것이 아니고 교환적으로 상호작용한다. 즉, 생리적 취약성이 환경적 취약성을 더 악화시키고, 환경적 취약성이 생리적 취약성을 더 강화시키는 사태가 벌어지는 것이다. 예컨대, 기질적으로 까다로운 아이는 부모의 양육부담을 가중시키고, 자녀양육을 힘겨워하는 부모는 까다로운 아이의 요구에 민감하게 반응하지 못하게 된다. Linehan(1993a)은 이런 교환적 상호작용이 반복되면서 정서를 조절하는 능력과 동기에 결핍이 초래된다고 제안했다. 구체적으로 표현하면, 경계선 성격장애를 지니고 있는 내담자는 정서조절기술, 충동통제기술, 대인관계기술, 문제해결기술이 결핍되어 있다. 그래서 순기능적인 행동은 억제되고 역기능적인 행동이 증폭되는 것이다.

생물-심리-사회모형을 제시하면서, Linehan(1993a)은 정서적 취약성과 정서조절능력 결핍의 상호작용으로 만성적인 정서조절곤란 상태가 초래되는 과정을 자세하게 설명했다. 선천적으로 타고난 정서적 취약성이 강할수록 역기능적으로 행동할 가능성이 높다. 그러나 후천적으로 정서조절능력을 발달시키면 정서적 취약성을 어느 정도 만회할 수 있다. 하지만 불행하게도 경계선 성격장애를 지니고 있는 사람은 정서조절능력을 발달시키지 못하는 경우가 많다. 정서를 타당화해 주지 않는 환경에서 성장하기 때문이다. Linehan(1993a)은 Gotmann과 Katz(1990)의 견해를 차용해서 이것을 설명했다. 앞서 언급했듯이 정서조절능력을 발휘하려면 정서와 연합된 생리적 각성 수준을 변화시켜야 하고, 정서적 자극에서 주의를 분산시켜서 재배치해야 하고, 기분-의존적 행동을 억제해야 하며, 목표에 부합하는 행동을 수행해야 한다.

물론 정서적 취약성만으로도 심리적인 문제가 유발될 수 있다. 그러나 경계선 성격장애는 정서적 취약성을 지니고 있는 사람이 타당화해 주지 않는 환경에 오랫동안 노출된 경우에만 발생한다. 타당화해 주지 않는 환경(invalidating environment)이란 '자신의 경험에 대해 중요한 타인이 이상하게, 부적절하게, 극단적으로 반응하는 환경'을 뜻한다(Linehan, 1993a, p. 49). 즉, 자신의 경험을 인정해 주지 않는 사람, 그것을 하찮은 것으로 치부하는 사람, 그리고 돌봐 주지 않고 오히려 처벌하는 사람으로 둘러싸인 상황이 타당화해 주지 않는 환경이다. 경계선 성격장애를 지니고 있는 사람은 타당화해 주지 않는 환경에서 성장했다. 또한 어른이 된 뒤에도 비슷한 환경에서 생활하는 경향이 있다. 즉, 타당화해 주지 않는 배우자와의 결혼생활, 타당화해 주지 않는 치료자와의 심리치료를 경험하는 것이다. 타당화해 주지 않는 사람은 내담자의 내적인 경험(정서, 인지, 충동)을 수용하지 않고, 때때로 그것을 비난하고 처벌한다. 결과적으로, 타당화해 주지 않는 환경에서 성장했고 생활하는 내담자는 자신의 경험을 무시해야 한다는 사실 및 절대로 타인에게 드러내지 말아야 한다는 사실을 학습한다. 가장 불행한 결과는, 타인이 그랬던 것처럼 자신이 스스로를 타당화하지 않는 상태(self-invalidation)에 놓이는 것이다. 타당화해 주지 않는 사람은 어떤 문제를 해결하는 것이 별로 어렵지 않다는 메시지를 전달한다. 문제의 발생과 해결을 하찮은 일로 치부하는 것이다. 그래서 내담자는 행동을 조절하고, 고통을 감내하고, 문제를 해결하는 기술을 충분히 배우지 못한다. 그리고 문제해결에 실패하면 극단적인 반응을 보인다. 하찮은 문제조차 제대로 처리하지 못했다고 생각하기 때문이다.

마지막으로, 타당화해 주지 않는 환경은 문제행동을 간헐적으로 강화한다. 내담자의 입장에서, 언성을 높이고 소리를 질러야 타인이 겨우 주목해 준다는 것을 학습하는 것이다. 예컨대, 정서

적 고통을 타당화해 주지 않는 사람은 내담자가 자살시도를 하
거나, 약물을 복용하거나, 폭식 증상을 보여야 내담자에게 관심
을 기울인다. 그것도 강렬하고 호들갑스럽게 반응한다. 이런 식
으로 간헐적 강화가 반복되면, 내담자는 적절한 방법으로는 감
정을 표현하지 못하고 극단적인 방법으로만 감정을 표현하게 된
다. 사실, 내담자의 극단적인 행동은 간절하게 도움을 요청하는
행동인 것이다.

06

학습원리 1: 고전적 조건형성

    변증법적 행동치료는 인지치료보다 행동치료에 더 가깝다. 학습원리를 통해 문제행동의 발생과 치료를 설명하는 행동치료가 제1세대, 인지의 내용과 구조에 주목하는 인지치료가 제2세대 인지행동치료다(Hayes, Follette, & Linehan, 2004). 변증법적 행동치료가 포함되는 제3세대 인지행동치료의 공통점은 언어의 매개역할을 강조하는 인지치료의 흐름에 다시 학습원리를 도입해서 행동치료와 통합한다는 점, 마음챙김과 수용을 주요한 치료기법으로 포함한다는 점, 치료자와 내담자가 준수해야 하는 치료원칙과 치료절차를 강조한다는 점 등이다. 특히 변증법적 행동치료는 심리적인 현상의 형태보다 기능(function)에 더 주목한다. 제1세대 행동치료와 마찬가지로 변증법적 행동치료는 인간의 모든 행위를 행동으로 간주한다. 생각도 행동이고, 감정도 행동이고, 행동도 행동이다. 학습원리는 생각과 감정과 행동에 동등하게 적용된다. 따라서 변증법적 행동치료자는 학습원리를 활

용해서 생각과 감정과 행동을 수정한다. 이번 장에서는 고전적
조건형성에 초점을 맞춰서, 다음 장에서는 조작적 조건형성에
초점을 맞춰서 변증법적 행동치료자가 학습원리를 어떻게 응용
하는지 살펴보겠다.

고전적 조건형성

　고전적 조건형성(classical conditioning)의 원리를 처음 소개한
사람은 Pavlov(1928, 1995)다. 개는 먹이(무조건자극)를 제시하면
침을 흘린다(무조건반응). 그런데 실험실에 있는 개에게 먹이와
종소리(조건자극)를 짝지어서 반복적으로 제시하자, 나중에는 종
소리만 들려도 개가 침을 흘리는 현상(조건반응)이 관찰되었다.
무조건자극과 조건자극 사이의 관계를 학습하는 고전적 조건형
성은 내담자가 반복하고 있는 문제행동의 원인을 설명하는 데
유용하다. 고전적 조건형성의 원리는 특히 불안장애의 심리치료
에 지대한 영향을 미쳤다. 노출치료(21장)는 두 가지 자극 사이
의 관계를 새롭게 학습하는 기회를 제공하기 때문에 치료효과를
발휘한다.

　고전적 조건형성의 원리는 경계선 성격장애를 지니고 있는 내
담자에게서 흔히 관찰되는 외상반응을 이해하고 치료하는 데 도
움이 된다. 예컨대, 어두운 골목길에서 폭행(무조건자극)을 당했
던 내담자는 어두운 곳 혹은 협소한 길을 목격할 때마다 불안감
을 경험하고 적극적으로 회피한다. 이 경우, 골목길(조건자극)과
공황반응(무조건반응)이 짝지어진 것임이 분명하므로 누구나 쉽

게 이해할 수 있다. 그러나 무엇이 고전적으로 조건형성되었는
지 파악하기 상당히 어려운 경우가 있다. 심지어 내담자마저 전
혀 자각하지 못하는 경우도 많다. 예컨대, 카페와 식당과 호텔에
서 강렬한 불안감을 경험하는 내담자가 있었다. 이 가운데 어떤
장소도 그녀의 외상 경험과 직접적인 관련이 없었다. 심리치료
의 초반에 치료자와 내담자는 카페, 식당, 호텔이라는 공개된 장
소는 완벽하게 안전한 장소가 아니라서 내담자가 타인을 의식하
면서 사회적 불안감을 경험하는 것이라고 생각했다. 그러나 치
료자는 내담자가 다른 공개된 장소에서는 불안반응을 보이지 않
는다는 점에 착안해서 카페, 식당, 호텔의 특징을 더 면밀하게
탐색했다. 놀랍게도 내담자의 불안반응을 촉발시킨 자극은 베이
컨을 굽는 냄새였다. 내담자는 그때서야 어린 시절의 외상경험
을 기억해 냈다. 엄마가 베이컨을 구우면서 아침식사를 준비하
고 있을 때, 계부가 그녀를 성추행했던 것이다.

  앞의 사례에서 문제가 되는 정서적 반응은 불안이었다. 변증
법적 행동치료에서는 불안 이외의 정서적 반응과 회피 이외의
행동적 반응을 설명할 때도 고전적 조건형성의 원리를 적용한
다. 예컨대, 어떤 청소년 내담자는 사소한 실수를 했다는 이유로
아버지에게 언어적 및 신체적 수모를 당했다. 그때마다 소년은
엄청난 수치심을 느끼면서 계단 밑의 벽장에 몸을 숨겼다. 정신
병원에 입원한 상태였던 소년은 공개회의 석상에서 치료자와 동
료에게 몇 가지 문제행동에 대해 지적을 받았는데, 소년은 그때
마다 강렬한 수치심을 경험했다. 타인의 지적과 수치심이 연합

되어 있었던 것이다. 더 나아가서, 소년은 별로 위협적이지 않은 지적을 받았는데도 환청을 경험했다. 환청의 내용은 타인의 이목을 끈 자신을 비난하는 것이었고, 그것은 소년의 수치심을 더욱 증폭시켰다. 이 사례에서, 내담자가 극심한 비난(무조건자극)을 받았을 때 수치심(무조건반응)을 경험한 것은 적절하지만, 부드러운 지적(조건자극)을 받았을 때 수치심을 경험한 것은 병리적이다.

07

학습원리 2: 조작적 조건형성

조작적 조건형성(operant conditioning)은 행동의 결과가 행동의 빈도에 영향을 미치는 현상을 뜻한다. 일반적으로 어떤 행동의 결과로 강화가 제공되면 그 행동의 빈도가 증가하고, 어떤 행동의 결과로 처벌이 제시되면 그 행동의 빈도가 감소한다. 또한 어떤 행동의 결과로 강화가 제공되지 않으면 그 행동의 빈도는 감소한다. 이것을 소거라고 부른다. 내담자가 문제행동을 지속하는 까닭 및 행동기술을 실천하지 않는 까닭은 조작적 조건형성의 학습원리로 설명할 수 있다. 이를 받아들여서, 변증법적 행동치료자는 내담자의 문제행동을 변화시키기 위해 수반성(contingency) 관리전략을 활용한다(22장).

조작적 조건형성의 원리를 효율적으로 활용하려면 문제행동에 어떤 강화 혹은 처벌이 수반되고 있는지 명확하게 분석해야 한다. 두루뭉술하게 가정하는 것은 금물이다. 행동치료를 수련한 경험이 없는 변증법적 행동치료의 초심자는 종종 특정한 행

동에 수반되는 강화 혹은 처벌을 선험적으로 가정하는 경향이
있다. 예컨대, 칭찬이 모든 내담자에게 강화의 효과를 발휘한다
고 생각하거나 관심이 모든 내담자의 유사자살행동을 강화한다
고 가정하는 것이다. 그러나 그렇지 않다. 오직 철저한 기능분석
을 통해서만 내담자의 행동을 무엇이 강화하고, 무엇이 처벌하
며, 무엇이 무관한지 변별할 수 있다. 치료자와 내담자는 행동에
뒤따르는 결과를 다양하게 조작하면서 행동과 결과 사이의 수반
성을 관찰하는 것이 바람직하다.

변증법적 행동치료자는 수반성을 분석하는 과정에서 두 가지
측면에 주의를 기울여야 한다. 첫째, 내담자는 자신의 행동이 강
화되고 있다는 것 혹은 처벌되고 있다는 것을 전혀 자각하지 못
할 수 있다. 내담자가 어떤 행동을 하면서 언급한 의도적인 이
유는 진실이 아닐 수 있다는 것이다. 둘째, 어떤 행동에는 강화
하는 결과 및 처벌하는 결과가 모두 수반될 수 있다. 예컨대, 어
떤 내담자가 견딜 수 없는 고통에서 벗어나려면 자살하는 수밖
에 없다고 말하면서 약물을 복용했다. 이 행동에는 여러 가지 결
과가 수반된다. 약물복용 직후, 그는 평온함을 경험했고 고통에
서 벗어났다. 잠시 후, 친구가 그를 발견해서 구급차를 타고 응
급실에 도착했다. 위세척을 실시하고 링거주사를 맞았다. 일반
병동에 입원해서 심리평가를 받았다. 몇 시간 뒤, 격분한 아내
가 찾아왔다. 심리치료 약속시간을 취소했고 치료약물을 교체
했다. 모든 것이 자살행동에 수반된 결과다. "견딜 수 없는 고통
에서 벗어나려고 약물을 복용했다."는 내담자의 의식적인 언급

은 약물복용 직후에 경험한 평온함 이외에 다른 결과는 전혀 설명하지 못한다. 아울러 그의 자살행동에 수반된 여러 결과 중에서 오직 일부만 자살행동을 강화한다. 정서적 고통이 급격하게 감소된 결과는 자살행동을 강화하여 빈도를 증가시킬 것이다(부적 강화). 그러나 아내의 분노, 친구의 염려, 의료적 절차는 자살행동을 처벌하여 빈도를 감소시킬 것이다(정적 처벌). 어떤 결과가 행동을 강화하는지 혹은 처벌하는지는 내담자가 그동안 학습한 경험에 달려 있다. 어떤 내담자에게는 자살행동의 결과로 병원에 입원한 것도 강화다. 현실적 의무에서 벗어날 수 있기 때문이다. 대부분의 치료자는 구급차를 타고 응급실에 온 것은 강화도 아니고 처벌도 아닌 무관한 결과라고 생각할 것이다. 그러나 대부분의 내담자에게 이것은 강화다. 구급차가 요란하게 사이렌을 울리면서 질주할 때, 마치 자신이 중요한 사람인 것처럼 여겨지는 강렬한 정서 경험이 동반되기 때문이다.

　전통적인 인지행동치료도 조작적 조건형성의 원리를 활용하므로 변증법적 행동치료의 독특한 측면을 언급할 필요가 있다. 첫째, 변증법적 행동치료자는 자살행동을 이해하고 치료하는 과정에 조작적 조건형성의 원리를 적용한다. 둘째, 다른 제3세대 인지행동치료와 마찬가지로 변증법적 행동치료자는 생각이라는 행동을 이해하고 치료하는 과정에도 조작적 조건형성의 원리를 적용한다. 예컨대, 내담자가 자살시도를 고려하면 정서적 불쾌감이 감소된다. 죽어 버리면 정서적 고통이 영원히 사라질 것이라고 생각하기 때문이다. 즉, 자살을 생각하는 행동은 정서적

불쾌감을 감소시켜서 부적으로 강화된다. 그래서 경계선 성격
장애를 지니고 있는 내담자는 자살사고와 자살행동을 반복한다
(Shaw-Welch, 2005).

기능분석(functional analysis)은 내담자가 어떤 목적으로 행동
을 수행하고 있는지 혹은 내담자의 행동이 그의 삶에서 어떤 기
능을 담당하고 있는지를 면밀하게 파악하는 치료절차다. 변증법
적 행동치료자는 기능분석을 통해 무엇이 내담자의 문제행동을
강화하고 있는지 밝혀내야 한다(Iwata & Wordsell, 2005). 변증법
적 행동치료자는 기능분석을 통해 자살행동을 반복하고 있는 내
담자, 복합적인 심리장애를 갖고 있는 내담자를 이해한다. 그리
고 표면적으로는 아무런 관련이 없는 것처럼 보이는 각각의 행
동에 숨겨진 공통적인 기능을 파악한다. 예컨대, 경계선 성격장
애와 섭식장애를 함께 지니고 있는 내담자가 지난 주에 힘든 일
을 겪어서 자살시도를 했다고 보고했다. 그녀는 복부와 둔부를
칼로 여러 번 그었다. 치료자와 내담자는 자해행동(치료실 밖의
문제행동)의 기능을 탐색했다. 기능분석 결과, 자해행동은 거울
에 비친 자신의 뚱뚱한 모습을 보면서 느낀 강렬한 수치심을 감
소시키는 기능을 담당하고 있었다. 치료자와 내담자는 신체상과
연합된 수치심을 감소시키는 기술을 집중적으로 훈련했다. 사
실, 그녀가 과거에 암페타민을 복용했던 것도 그것이 강렬한 수
치심을 감소시키는 기능을 담당하고 있었기 때문이다. 치료를
진행하는 동안 내담자는 침묵했고, 의자를 흔들면서 치료자를
외면했다(치료실 안의 문제행동). 치료자는 내담자가 지금 강렬한

수치심을 느껴서 그렇게 행동하는 것이라는 가설을 세우고 거기에 주의를 기울였다. 그녀의 이전 치료자는 내담자의 침묵과 외면을 부적으로 강화했었다. 그녀가 수치심을 회피하려고 침묵하고 외면하면, 이전 치료자는 대화의 주제를 변경하는 방식으로 내담자에게 동조했던 것이다. 이렇게 내담자가 (치료실 밖과 안에서) 여러 가지 문제행동을 드러내는 경우, 변증법적 행동치료자는 문제행동의 공통적인 기능에 초점을 맞춘다. 그렇게 해야 여러 가지 문제행동을 동시에 치료할 수 있다. 과거 시점에서 치료실 밖에서 보였던 문제행동, 현재 시점에서 치료실 밖에서 보이는 문제행동, 그리고 현재 시점에서 치료실 안에서 보이는 문제행동의 공통적 기능에 초점을 맞추면 변증법적 행동치료의 과정에 역동이 발생하고 흐름이 형성된다.

08

행동적 진단

변증법적 행동치료는 DSM-IV(정신장애의 진단 및 통계 편람)의 경계선 성격장애 진단기준에 부합하는 내담자를 치료하기 위해 개발되었다. 변증법적 행동치료자는 행동에 초점을 맞추어 진단한다. 진단기준에 나열되어 있는 임상양상은 모두 내담자의 행동 특징이다. 앞서 언급한 것처럼 행동주의는 유기체의 모든 반응(예: 사고, 감정, 감각, 행동)을 행동으로 간주한다. 변증법적 행동치료도 마찬가지다. 경계선 성격장애 진단기준의 일부는 외현적 행동(예: 진단기준 4의 충동성)이고, 일부는 내현적 행동(예: 진단기준 3의 정체감장해)이다.

〈표 1〉 경계선 성격장애 진단기준

성인기 초기부터 대인관계, 자기상 및 정서의 불안정성과 극심한 **충동성**이 전반적으로 나타난다. 다음 중에서 5가지 이상의 항목을 충족시켜야 한다.

1	실제의 혹은 가상의 유기를 피하기 위한 필사적인 노력
2	극단적인 이상화와 평가절하가 반복되는 불안정하고 강렬한 대인관계
3	정체감장해: 자기상이나 자기감의 현저하고 지속적인 불안정성
4	자신에게 손상을 줄 수 있는 적어도 2가지 영역의 충동성(예: 낭비, 무분별한 성관계, 물질남용, 무모한 운전, 폭식)
5	반복적인 자살행동, 자살시늉, 자살위협 혹은 자해행동
6	현저한 기분변화에 따른 정서적 불안정성(예: 주기적인 강렬한 불쾌감, 성마름, 불안 등이 흔히 몇 시간 동안 지속됨. 며칠 동안 지속되는 경우는 드묾)
7	만성적인 공허감
8	부적절하고 강렬한 분노감 혹은 분노조절의 어려움(예: 자주 울화통을 터뜨림, 지속적 분노, 잦은 육체적 싸움)
9	스트레스 받을 때 잠시 나타나는 피해의식이나 해리증상

변증법적 행동치료에 따르면, 경계선 성격장애를 치료하는 것은 진단기준에 나열된 문제행동을 성공적으로 감소 혹은 제거하는 작업이다. 행동주의자는 "자기 혹은 성격이라는 구조가 별도로 존재하는 것이 아니다. 자기 혹은 성격은 기껏해야 수반성에 의해 조직화된 행동목록에 불과하다."(Skinner, 1974, p. 167)고 주장한다. 성격은 일련의 외현적 행동과 내현적 행동으로 구성되며, 그 행동의 빈도와 강도가 극심할 때 성격장애로 진단한다. 모든 외현적 행동과 내현적 행동은 수정할 수 있다. 따라서 변증법적 행동치료자는 인지적 · 행동적 치료원리와 치료절차를 활

용해서 문제행동을 수정한다. 만약 내담자가 사회적 · 문화적 규범에서 심하게 벗어나는 외현적 행동과 내현적 행동을 하지 않는다면 성격장애가 치료된 것이다. 이런 견해는 이면에 숨어 있는 조직화된 성격구조(personality organization) 때문에 문제행동이 표면으로 드러난다는 정신분석치료의 주장과 사뭇 다르다. 이런 관점을 채택하면, 경계선 성격장애를 치료하려면 조직화된 성격구조 자체를 수정해야 한다는 결론에 도달한다.

변증법적 행동치료자가 행동적 진단체계를 고수하는 까닭은 치료개입의 논리와 효과를 과학적으로 입증할 필요가 있기 때문이다. 근거가 있어야 동력이 생긴다. 변증법적 행동치료자는 경험적으로 입증된 치료효과를 강조한다. 지금도 심리장애의 발생원인과 지속기제를 이해하기 위해 그리고 치료개입의 효과검증을 시도하기 위해 경험적인 연구를 계속하고 있다. 연구자가 행동적 진단체계를 확고하게 유지해야 심리장애를 설명할 수 있고, 치료효과를 검증할 수 있고, 치료방법을 개선할 수 있다. 더 나아가서 행동적 진단체계는 내담자를 안심시키고 타당화한다. 정확하게 진단하면 문제행동을 기술하고 치료목표를 설정할 수 있기 때문이다. 그러나 진단의 부정적인 측면도 신중하게 고려해야 한다. 첫째, 상당수의 내담자와 치료자가 성격은 쉽게 변하지 않으므로 성격장애를 치료하는 것은 불가능하다고 생각하면서 무망감에 사로잡힌다. 경계선 성격장애의 예후가 나쁘다는 초창기 연구결과를 고려하면 비관적으로 반응하는 이유를 충분히 납득할 수 있다. 그러나 최근에 효과적인 치료전략이 도입되면서 상황이 달라졌다. 변증법적 행동치료를 비롯한 새로운 치료모형(Zanarini, Frankenberg, Hennen, & Silk, 2003)은 경계선 성격장애의 문제행동을 효과적으로 감소시킨다(30장). 둘째, 상당수의 내담자와 치료자가 경계선 성격장애 진단을 받으면 낙인이 찍힐까 봐 염려한다. 이것도 변증법적 행동치료자가 행동적 진단체계를 고수하는 까닭이다. 행동적으로 진단하면 경계선 성격장애는 변화시킬 필요가 있는 일련의 행동패턴에 불과하다. 행동패턴은 수정할 수 있다. 내담자와 치료자가 행동패턴을 변화시킬 수 있다는 희망을 품으면 치료초점을 유지하기가 쉬워진다. 만약 낙인이 찍힐까 봐 두렵다면 변증법적 행동치료에 열심히 참여해서 문제행동을 수정하면 된다.

변증법적 행동치료자는 내담자의 능력을 향상시키는 데 초점을 맞춘다. 경계선 성격장애의 본질을 이해하는 것도 내담자의 능력이고 치료과정을 조망하는 것도 내담자의 능력이다. 본격적인 치료를 시작하기 전에 평가작업과 사전작업을 진행하면서, 변증법적 행동치료자는 내담자가 어떤 진단기준에 부합하는 행동패턴을 보이는지 그와 함께 파악한다. 이것도 내담자의 능력을 향상시키는 일종의 훈련이다. 또한 변증법적 행동치료자는 경계선 성격장애라고 진단했을 때 내담자가 어떻게 반응하는지 살피면서 적절히 개입해야 한다. 평가작업을 통해 장차 어떤 문제행동이 나타날지 미리 예상할 수 있고, 사전작업을 통해 내담자를 준비시키고 참여시키는 기회를 마련할 수 있다.

09

선불교

선불교에서는 현실을 있는 그대로 바라보는 훈련을 수행한다. 바라보면 깨닫는다. "지금 여기가 본질적으로 완전한 세상이다." 라는 가르침에 수용의 참뜻이 들어 있다(Aitken, 1982, p. 63). 수용은 깨달음이다. 지금 여기의 세상은 최선이고 온전하다. 지금과 다른 세상은 없다. 앞선 것에 의해 창조되었고 초래되었기 때문이다. 이 세상에는 영원한 생명도 없고 영원한 경험도 없다. 모든 것은 밀물처럼 밀려왔다 썰물처럼 사라진다. 이런 진리를 깨닫게 하려고, 변증법적 행동치료자는 마음을 관찰하는 기술과 근본적으로 수용하는 기술을 내담자에게 가르친다. 수용은 현실을 있는 그대로 관찰하는 것에서 비롯된다. "모든 존재는 참되다. 본디 참되기 때문이다." 그리고 누구나 깨달을 수 있다(Aitken, 1982, p. 6). 변증법적 행동치료자는 내담자의 경험을 타당화함으로써 내담자가 '지혜로운 마음(wise mind)'을 발휘하도록 격려한다. 그러면 자기를 온전히 수용할 수 있고 자신의 경험을 스스로 타당화할 수 있다.

현실을 관찰하고 수용하지 않으면 문제가 발생한다. Aitken
(1982)은 고통의 본질을 이렇게 설법했다. "붓다의 가르침에 따
르면, 인생은 고해다. 고통을 회피하면 더 큰 고통에 사로잡힌
다……. 고통에서 벗어나려고 술을 마시지만, 술을 마시면 더 큰
고통에 사로잡힌다(p. 49)." 고통은 집착에서 비롯된다. 현실이
반드시 어떠해야 마땅하다고 갈망하는 것이다. 집착과 갈망의
형태는 다양하다. 어떤 사람과 특별한 관계를 맺으려 하고, 모
든 사람에게 사랑받으려고 한다. 때로는 물건과 소유에 집착하
고, 때로는 신념과 가치에 집착한다. 예컨대, 치료자는 치료작업
이 성과를 내고 주목을 받아야 한다는 생각(예: "정신보건체계 관
리자는 반드시 나에게 연구비를 지원해야 한다.")에 집착할 수 있다.
그러나 이런 생각에 집착하고 갈망하면 현실(예: 예산이 한정되어
있어서 모든 요청에 부응할 수 없음)을 있는 그대로 수용하기 어려
워지고 효율적으로 대처하기 힘들어진다. 현실과 갈망이 충돌하
면 갈망을 품고 있는 사람이 다친다(예: 강렬한 분노, 가혹한 판단,
극심한 스트레스). 선불교는 집착과 갈망 자체가 잘못이라고 설법
하지 않는다. 다만, 그것과 고통의 관계에 주목하라고 촉구한다.
또한 선불교는 집착과 갈망을 내려놓으면 제대로 관찰하고 수용
할 수 있다고 가르친다. 그러면 고통이 줄어든다.

인지적인 왜곡이나 편향 같은 '망상'도 현실을 있는 그대로 수
용하지 못하게 방해한다. 예컨대, 사람과 사람 사이에 경계가 있
다는 생각은 망상이다. 사실은 모든 사람과 모든 현실이 하나다.

이런 견해는 적절한 경계를 설정할 필요가 있다는 여러 심리치료의 주장과 상반된다. 그러나 다음 이야기를 읽어 보면 자의적으로 경계를 설정하는 것은 고통에 불과함을 알 수 있다. Thich Nhat Hanh(1987)이 두 명의 자녀를 키우는 친구를 방문했을 때 들은 이야기다.

친구가 말하기를, "나는 더 많은 시간을 소유하는 방법을 발견했네. 예전에 나는 시간이 몇 가지로 구분된다고 생각했었네. 일부는 큰애를 위한 시간이고, 일부는 작은애를 위한 시간이고, 일부는 아내를 위한 시간이라고 생각했었지. 그리고 남은 시간이 내 것이라고 생각했었네……. 그런데 지금은 시간을 구분하지 않으려고 노력한다네. 곰곰이 생각해 보니, 큰애와 보내는 시간도 내 시간이고 작은애와 보내는 시간도 내 시간이더군. 큰애가 숙제하는 것을 도우면서, 나는 그것을 내 시간이라고 생각하려고 애쓴다네. 우리가 그 시간을 함께 즐기고 있다는 사실에 주목하려고 노력하는 것이라네. 그랬더니 아이들을 위해 쓰던 시간이 바로 내 시간이 되더군……. 놀라운 사실은, 지금은 나를 위해 사용하는 시간이 무한대로 늘어났다는 것이네."

이것은 Yamada Roshi의 깨달음과 일치한다. "선불교 수행은 타인과 연합하고 자기를 망각하는 것이다(Aitken, 1982, p. 9)." 그래서 변증법적 행동치료자는 내담자의 자율적 자기와 관계적 자기를 모두 타당화하며, 전통적인 심리치료에서 강조하는 자기감의 형성 및 세상과 닿아 있다는 연결감의 형성 사이에서 변증법적 균형을 추구한다. 자의적이고 무의미한 경계를 허무는 것이다.

변증법적 행동치료에 선불교 수행이 반드시 포함되어야 하는 것은 아니다. 그러나 선불교 수행은 변화와 수용의 균형을 유지하는 데 상당한 도움이 된다. 선불교는 세상을 이해하려면 경험과 연습이 필요하다고 강조한다. 내담자는 지금 이 순간에 주의를 기울이는 연습, 망상에 붙들리지 않고 현실을 바라보는 연습, 판단에 사로잡히지 않고 현실을 수용하는 연습을 반복해야 한다. 선불교는 깨달음을 방해하는 집착을 내려놓고 열심히 수행한 기술을 활용해서 중용(中庸)의 길을 찾으라고 촉구한다. 상당히 낯선 선불교의 원리를 배워서 심리치료에 응용하던 초창기에, 치료자들은 그것을 특정한 치료모형에 억지로 끼워 맞추거나 일부를 걸러 내려고 했었다. 하지만 다음 이야기를 통해 이런 접근방식의 문제점을 파악하고 대안을 발견할 수 있을 것이다.

어떤 스승이 선불교에 관심을 보이는 교수를 만났다. 스승은 차를 대접했다. 스승이 교수의 잔에 차를 따랐다. 이미 가득 찼는데 계속 따랐다. 교수는 넘치는 찻잔을 보다 못해 이렇게 말했다. "벌써 찻잔이 가득 찼습니다. 차를 더 따라주셔도 제가 받아들일 수가 없습니다." 스승은 "이 찻잔과 같습니다."라고 대꾸했다. "당신의 마음에 이미 의문과 회의가 가득합니다. 당신이 먼저 찻잔을 비우지 않는데, 내가 어떻게 가르칠 수 있겠습니까(Reps & Senzaki, 1957)?"

무엇을 배우든지 똑같은 이야기가 적용된다. 변증법적 행동치료를 배우는 것도 마찬가지다. 학습의 과정은 결코 쉽지 않다. 그러나 짐을 내려놓으면 한결 수월해진다.

2부

변증법적 행동치료: 실제적 독창성

10

치료양식

인지행동치료를 비롯한 대부분의 심리치료는 단일한 치료양
식을 사용한다. 예컨대, 개인치료와 집단치료를 함께 진행하는
경우는 드물다. 단일한 치료양식을 사용하면, 동일한 치료양식
으로 상이한 치료기능을 발휘해야 하는 부담이 초래된다. 개인
치료를 진행하면서 심리치료에 참여하는 동기를 고취하고, 심리
적인 변화를 촉진하며, 치료장면에서 얻은 성과를 일상생활까지
확장시켜야 하는 것이다. 그러나 변증법적 행동치료는 경계선
성격장애를 지니고 있는 내담자의 동기와 능력이 결핍되어 있다
는 점에 착안해서, 각각 다른 치료기능을 수행하는 특수한 치료
양식을 여럿 개발했다. 어떤 치료양식은 한 가지 이상의 치료기
능을 담당하기도 하지만, 각 치료양식은 저마다 특별한 치료기
능을 전담한다. 예컨대, 개인심리치료는 주로 치료동기를 향상
시키는 기능과 치료성과를 일반화하는 기능을 전담한다. 변증법
적 행동치료에서 개발된 특수한 치료양식이 각각 전담하는 다섯

가지 기능을 차례로 살펴보겠다.

능력의 향상

경계선 성격장애를 지니고 있는 내담자는 정서적 취약성과 환경적 취약성 때문에 적응에 필요한 기술을 제대로 배우지 못했다. 대부분 정서조절능력, 고통감내능력, 대인관계능력이 결핍되어 있다. 그래서 변증법적 행동치료는 기본적인 능력을 향상시키는 데 초점을 맞춘 특수한 치료양식으로 기술훈련집단(skill-training group)을 개발했다. 기술훈련집단의 형태는 상황에 따라 다르다. 예컨대, 외래치료 장면에서는 1주일에 한 번 모여서 2시간 30분씩 진행하고, 입원치료 장면에서는 더 짧게 더 자주 진행한다. 기술훈련집단의 목표는 변증법적 행동치료의 핵심기술을 훈련하는 것이다. 기술훈련의 세부적인 내용과 절차는 Linehan(1993b)의 매뉴얼에 소개되어 있다. 기술훈련의 효과는 전체과정이 경험적으로 입증되어 있으므로 반드시 통째로 실시해야 한다. 청소년 혹은 학습장애에 적용하기 위해 변형하더라도 주요한 기술훈련은 반드시 실시해야 한다.

동기의 향상

변증법적 행동치료에서 개인심리치료(individual psychotherapy)는 내담자의 치료동기를 떨어뜨리는 방해요인을 집중적으로 다루는 치료양식이다. 개인심리치료를 맡은 치료자는 내담자가 드러내는 가장 심각한 문제행동을 분석하고 해결책을 모색한다.

아울러 내담자가 바람직한 행동을 습득하지 못하고 발휘하지 못하는 까닭을 파악하고 개입한다. 해결책을 모색하고 적용하는 과정에서 개인심리치료자는 인지행동치료에서 개발된 다양한 치료기법(20~23장)을 충실하게 활용한다. 예컨대, 노출을 실시하고, 수반성을 관리하며, 인지를 재구성한다. 심리치료가 필요하다는 인식과 동기를 유지하는 것이 상당히 어려우므로 개인심리치료를 맡은 치료자는 꾸준히 주의를 기울여야 한다.

일반화의 촉진

내담자가 치료실 안에서 학습한 기술을 치료실 밖에서 발휘하는 것이 일반화다. 이것은 자동적으로 이뤄지지 않으므로 철저하게 계획하고 반복해서 연습해야 한다. 경계선 성격장애를 지니고 있는 내담자는 강렬한 정서를 불안정하게 경험하기 때문에 일반화가 상당히 어렵다. 중요한 타인이 내담자에게 보이는 반응도 일반화에 적잖은 영향을 미친다. 예컨대, 정서적으로 차분할 때는 대인관계 갈등을 다룰 수 있는 내담자도 정서적으로 약간 동요되면 전혀 기술을 발휘하지 못한다. 그러므로 변증법적 행동치료자는 모든 치료양식을 동원해서 치료성과를 일반화하려고 노력한다. 특히 전화접촉(telephone contact)이라는 독특한 치료양식이 일반화를 촉진한다는 사실이 경험적으로 입증되었다(11장). 또한 변증법적 행동치료자는 상황에 맞게 응용한 치료양식을 제공한다. 예컨대, 입원 중에 어떤 문제가 발생하면 치료자와 내담자는 바로 그 문제를 다루는 기술훈련을 입원병동에서

실시한다. 경계선 성격장애와 물질의존장애를 함께 지니고 있는
내담자를 치료할 때는 치료자가 내담자의 생활공간에 직접 방문
해서 구체적인 기술을 훈련시키기도 한다(McMain, Sayrs, Dimeff,
& Linehan, 2007).

환경의 구조화

변증법적 행동치료자는 치료실 안팎의 환경을 구조화한다. 내
담자가 생활하는 치료실 밖의 환경이 열악한 경우가 많다. 그들
은 구조도 없고 지원도 없는, 타당화해 주지 않는 환경에서 살아
간다. 더욱이 치료실 밖의 환경이 내담자의 부적절한 행동을 강
화하고 적절한 행동을 처벌하면 문제가 상당히 복잡해진다. 일
부의 경우, 치료자는 내담자의 가족이나 사회복지요원과 협력하
기도 한다. 즉, 가족이 내담자의 변화를 반기도록 지도해서 가족
의 문제행동을 수정하는 것이다. 예컨대, 청소년에게 적용하는
변증법적 행동치료(DBT-A)의 경우, 부모를 자녀와 함께 기술훈
련집단에 참여시킨다(Miller, Rathus, & Linehan, 2007). 청소년 내
담자의 경우, 가정에서 발생하는 문제행동을 다루는 가족치료를
실시하기도 한다. 성인 내담자에게도 비슷한 방법을 적용할 수
있지만, 성인에게 가족치료를 정기적으로 시행하는 경우는 드물
다(Fruzzetti, Santisteban, & Hoffman, 2007).

치료실 안의 환경도 구조화한다. 변증법적 행동치료는 다양한
치료양식을 동시에 제공하므로 치료자들 사이의 긴밀한 협력과
조율이 반드시 필요하다. 처음부터 모든 치료양식을 제공해야

하고 치료자원을 꾸준하게 확보해야 한다. 아울러 더 큰 치료체계(예: 병원)와 치료양식 사이의 상호작용에도 주의를 기울여야 한다. 이것은 13장에서 자세히 다루겠다.

치료자의 능력과 동기 향상

마지막으로 만만치 않게 중요한 문제가 남아 있다. 변증법적 행동치료에는 치료자의 능력을 향상하고 동기를 유지하기 위해 개발된 특수한 치료양식인 치료자문집단이 있다. 치료자를 치료하는 치료자문집단은 매주 개최된다. 모든 치료자는 경력과 능력에 상관없이 반드시 참석해야 한다. 심각한 고통을 겪는 내담자를 치료하는 과정에서 치료자도 적잖은 어려움을 겪기 때문이다. 특히 내담자가 기대보다 더디게 변화될 때, 내담자가 문제행동을 장기간 지속할 때, 내담자의 가족과 환경이 변화를 방해할 때는 치료자도 고통스럽다. 이런 경우 치료자도 사람이기 때문에 내담자에게 희망을 품고 치료적인 태도를 유지하기가 몹시 어렵다. 치료원칙을 고수하면서 치료과정을 진행하는 것도 힘들기는 마찬가지다. 경계선 성격장애를 지니고 있는 내담자는 쉽게 달라지지 않는다. 그들은 타인에게 그렇듯이 치료자에게도 강렬한 정서를 여과 없이 표출하며, 효과적으로 개입하는 치료자를 '효과적으로' 처벌한다. 물론 대부분의 내담자가 고의적으로 치료자를 처벌하는 것은 아니다. 그들은 단지 자신이 겪고 있는 정서적 고통에서 벗어나려고 그렇게 행동하는 것뿐이다. 예컨대, 어떤 내담자가 자해행동을 했고 수치심을 느꼈다. 치료

자가 자해행동을 지적하자 수치심은 더 깊어졌고 내담자는 침묵
했다. 치료자는 자해행동을 더 다루면 수치심이 더 깊어질까 봐
걱정하면서 그 주제를 회피했다. 당장은 치료자의 배려로 내담
자가 수치심을 덜 느꼈지만, 길게 볼 때 치료자의 회피는 내담자
가 자해행동을 감소시키는 능력을 발휘하지 못하게 만들고 수
치심을 누그러뜨리는 기술을 훈련하지 못하게 만드는 실수였다.
29장에서 치료자가 범하는 치료방해행동을 자세히 살펴보겠다.

치료자문집단은 치료자의 기술과 능력을 다루고 치료자가 느
끼는 고통과 범하는 실수를 다룬다. 이것이 사례회의와 다른 점
이다. 누구라도 자신이 봉착한 어려움을 토로할 수 있고 동료에
게 자문을 요청할 수 있다. 치료자문집단은 치료자의 문제행동
을 확인하고 해결책을 모색하며, 특히 치료자가 소진되지 않도
록 예방한다. 12장에서 이 부분을 자세히 살펴보겠다. 변증법적
행동치료자는 치료자문집단도 다양한 치료양식으로 변형해서
운영할 수 있다. 예컨대, 개인슈퍼비전 혹은 기술훈련집단의 형
식을 취할 수 있다.

변증법적 행동치료 프로그램에는 반드시 다섯 가지 치료양식
이 모두 포함되어야 한다. 각각의 치료양식은 저마다 특수한 치
료기능을 담당하며 동등하게 중요하다. 여러 공존병리를 지니고
있는 내담자가 자살위기에 처하면, 일반적인 치료자는 위기개입
(예: 전화접촉, 기술훈련) 절차를 추가하는 경향이 있다. 그러나 변
증법적 행동치료자는 위기개입을 별도로 실시하지 않고, 서로
연결되어 있는 다섯 가지 치료양식을 그대로 유지한다. 어떤 치

료양식에서 진행된 치료작업은 다른 치료양식에서 심화되고 응용된다. 예컨대, 기술훈련집단은 기술을 학습하고 강화하는 데 주력하고, 개인심리치료는 그 기술을 심화하고 일반화하는 데 집중하며, 치료성과의 일반화를 담당하는 치료자는 그 기술을 치료실 밖에서 활용할 계획을 세운다. 대개의 경우, 개인심리치료를 맡은 치료자가 전반적인 치료과정을 조율한다. 만약 치료자가 변증법적 행동치료에 새로운 치료양식을 추가하려면 다른 치료자와 긴밀히 협의해야 하며, 새로운 치료양식이 기존의 치료양식과 어떻게 관련되는지 충분히 논의해야 한다. 변증법적 행동치료자는 즉흥적으로 새로운 치료양식을 추가하지 않는다.

11

전화접촉

변증법적 행동치료는 대부분의 심리치료와 다르게 전화접촉을 공식적으로 허용한다. 외래치료를 받고 있는 내담자는 치료자에게 전화해서 상담을 요청할 수 있다. 전화접촉은 주로 치료성과를 일반화하는 데 도움이 된다. 내담자는 치료실 안에서 연습한 기술을 치료실 밖에서 활용해야 하는데, 일반화는 자동적으로 이뤄지지 않는다. 기술을 학습하는 맥락과 기술을 구사하는 맥락이 완전히 다르기 때문이다. 특히 내담자의 정서조절능력이 취약할수록 그리고 환경의 수반성이 열악할수록 치료성과를 일반화하는 것이 더 어렵다.

변증법적 행동치료는 일반화를 촉진하기 위해 내담자가 정기적인 치료회기 사이에 개인심리치료자에게 전화를 걸어 간단한 코칭을 받을 수 있는 치료양식을 도입했다. 전화접촉의 목적은 집중적인 심리치료 혹은 지지적인 관계 형성이 아니고, 내담자가 치료실 안에서 학습한 기술을 치료실 밖에서 발휘하도록 간단히 코칭하는 것이다. 일반적으로 내담자는 문제 상황이 발생했을 때 기술코칭을 요청한다. 치료자는 그 기회를 활용해서 내담자가 적절한 기술을 탐색하고 선택하고 적용하게 조언한다. 만약 내담자가 당면한 문제를 잘 해결하면 치료성과가 일반화될 것이다. 전화로 기술코칭을 실시할 때는 문제를 세밀하게 분석하지 않는다. 또한 만성문제가 아니라 급성문제에 초점을 맞춘다. 예컨대, 어떤 내담자가 남편과 다툰 뒤에 강렬한 자해충동을 느꼈다. 그녀는 치료자에게 전화를 걸어 자해충동을 감소시킬 방법을 요청했다. 치료자와 내담자는 만성적인 부부문제를 자세히 다루지는 않았고, 자해충동을 감소시킬 방법을 찾는 데 집중했다. 많은 경우, 부부싸움을 하는 동안에 만성적인 부부문제를 반추하기 때문에 자해충동이 일어난다. 그래서 치료자는 마음챙김기술을 활용해서 반추행동을 감소시키라고 조언했다.

만약 내담자가 심각한 자살위기에 빠져서 전화를 걸었다면, 치료자는 일단 자살충동을 감소시키면서 다음 약속시간에 꼭 방문하라고 코칭할 것이다. 그러나 때로는 Linehan(1993a)이 제시한 자살위기 개입전략을 참고해서 다양한 위기개입을 시도할 필요가 있다. 전화접촉과 위기개입을 했는데도 자살충동이 줄어들지 않으면 내담자가 정말로 자살을 시도할 가능성이 크다. 이런 경우 치료자는 내담자에게 입원치료를 권유하고 적극적으로 개입한다.

자살위기를 호소하면 치료자와 접촉할 수 있기 때문에 일부러 자살위기를 부풀리는 내담자도 있다. 이런 문제점을 개선하기

위해 변증법적 행동치료자는 자살충동을 느끼기 전에 혹은 위기
상황에 이르기 전에 전화하라고 권유한다. 예컨대, 어떤 내담자
는 수치심을 경험하면서 자살충동을 느꼈다. 그녀는 과거에 자
신이 했던 행동을 후회하고 자책했다. 그렇게 반추하자 수치심
이 더 강해졌다. 그녀는 자살하는 것 외에는 수치심에서 벗어날
방법이 없다고 생각했다. 이때가 변증법적 행동치료의 초기였
다. 치료자에게 전화를 걸었을 때, 그녀는 이미 극심한 자살충동
을 느끼고 있었다. 나중에 개인심리치료를 진행하면서 치료자와
내담자는 수치심과 반추행동을 어떻게 다룰 것인지 해결책을 모
색했다. 치료자는 해결책을 일반화하려는 목적으로 먼저 수치심
을 줄이려고 노력한 뒤에 그리고 반추행동을 시작하기 전에 전
화하라고 권유했다. 치료작업이 더 진전되자, 치료자는 스스로
여러 가지 기술을 더 사용해서 수치심과 반추행동을 다루려고
시도한 다음에 전화하라고 요청했다. 이런 식으로 행동을 조성
(shaping)하면 내담자가 치료자에게 지나치게 의존하는 문제점
을 줄여나갈 수 있다.

　변증법적 행동치료자는 자살행동과 의존행동이 잘못 짝지어
질 가능성을 예방하기 위해 전화접촉을 금지하는 예외 규칙을
고수한다. 이미 유사자살행동을 시도한 내담자에게는 24시간 동
안 치료자와 접촉하는 것을 금지한다. 전화접촉은 오직 유사자
살행동을 시도하기 전에만 허용된다. Linehan과 Heard(1993)는
내담자를 변증법적 행동치료 조건과 전통적인 심리치료 조건에
무선할당하고 치료효과를 비교했다. 연구 결과, 전통적인 심리

치료를 받은 집단에서는 유사자살행동과 전화접촉 빈도 사이에 정적 상관이 있었지만, 변증법적 행동치료를 받은 집단에서는 유사자살행동과 전화접촉 빈도 사이에 아무런 상관이 없었다.

변증법적 행동치료를 배우고 있는 치료자 중에는 전화접촉을 허용하면 내담자가 너무 자주 전화를 걸까 봐 걱정하는 사람이 많다. 그러나 실제로 슈퍼비전을 받고 있는 치료자 중에는 전화를 하라고 격려해도 내담자가 전화를 하지 않는다고 오히려 볼멘소리를 하는 사람이 더 많다. 치료자가 예상하는 것보다 내담자가 전화접촉을 적게 하는 까닭을 살펴보자. 첫째, 치료자와 내담자가 전화접촉의 한계를 설정하기 때문이다. 두 사람 모두 내담자가 기술을 활용할 기회는 최대화하고 치료자가 소진될 우려는 최소화하기 위해 노력한다. 둘째, 대부분의 내담자는 치료자가 설정한 한계를 존중하기 때문이다. 셋째, 내담자가 치료자가 설정한 한계를 어기거나 치료자가 전화접촉을 기피하게 만드는 문제행동을 하면 개인심리치료에서 그 치료방해행동을 집중적으로 다루기 때문이다. 예컨대, 너무 늦은 시간에 전화하거나, 너무 자주 전화하거나, 치료자의 코칭을 모두 거절하거나, 일방적으로 전화를 끊어 버리는 행동이 치료방해행동이다. 마지막으로, 전화접촉의 목적은 간단한 기술코칭이라는 점을 강조하기 때문이다. 집중적인 치료작업은 개인심리치료에서 진행한다. 이렇게 하면 전화접촉 시간이 짧아진다. 아울러 내담자는 치료자가 달래 주기를 원해서 혹은 타당화해 주기를 원해서 전화하는 것이 아니라 오직 기술을 배우고 싶을 때만 전화하게 된다.

12

치료자문집단

치료자문집단은 변증법적 행동치료를 실시하고 있는 치료자를 자문하기 위해 고안된 치료양식이다. 변증법적 행동치료자는 치료자문집단에 참석해서 능력을 계발할 수 있고, 동기를 회복할 수 있고, 치료원칙을 되새길 수 있다. 변증법적 행동치료의 치료자문집단은 전통적인 사례회의와 다르다. 사례회의는 내담자의 문제에 초점을 맞추지만 치료자문집단은 치료자의 문제에 초점을 맞춘다. 치료자는 내담자를 이해하려고 혹은 치료전략을 상의하려고 동료에게 자문을 구한다. 예컨대, "기능분석 과정에서 제가 무엇을 놓쳤을까요?", "이런 상황에서는 어떤 방식으로 노출하면 좋을까요?", "이런 문제행동을 변화시키는 데 도움이 되는 기법을 알려 주실 분이 계신가요?" 등이다. 아울러 치료과정에서 내담자를 열심히 치료하고 싶은 동기가 자꾸 줄어든다고 솔직하게 고백할 수도 있다. 치료자도 사람이기 때문에 내담자가 드러내는 문제에 압도당해서 괴로울 수도 있고, 내담자를 몹시 미워할 수도 있고, 치료를 당장 그만두고 싶은 유혹에 빠질 수도 있다.

이런 문제가 부각되면 치료자문집단에 참석한 동료들은 마치 내담자에게 하듯이 치료자를 타당화하면서 해결책을 함께 모색한다. 예컨대, 치료자가 효과적인 노출치료 방법을 고민하고 있는 경우, 동료들은 기본적인 치료절차를 검토하고, 적절한 노출자극을 물색하고, 중단시킬 문제행동을 선정하며, 노출치료를 미리 연습하게 도와준다. 만약 치료자가 내담자를 포기하고 싶어 하는 상황이라면 치료자문집단의 역할은 더 복잡해진다. 이런 경우, 치료자는 경험이 많은 동료에게 직접 심리치료를 받을 수도 있고, 다른 치료자를 찾아가서 심리치료를 받을 수도 있다. 어떤 치료자문집단이 실시한 행동분석 사례를 살펴보자.

개인심리치료를 맡은 치료자가 있었다. 그녀는 내담자가 치료시간에 수동적인 태도를 드러낼 때마다 더 이상 나아지지 않을 것이라고 생각하면서 무망감을 느꼈다. 무망감을 느낀 치료자는 내담자의 변화가 더딘 까닭은 자신이 무능하기 때문이라고 생각하면서 죄책감을 느꼈다. 죄책감을 느낀 치료자는 당장 내담자를 포기하고 싶은 충동에 빠졌다. 치료자는 내담자에게 하듯이 자신의 역기능적인 생각을 스스로 검토하고 평가했다. 그러나 자신을 스스로 타당화하지 않았기 때문에 별로 효과가 없었다. 이런 경우, 치료자문집단에서 행동분석을 실시하면 치료자가 자신의 역기능적인 반응을 더 명료하게 자각할 수 있고, 내담자의 문제행동을 다루기에 더 효과적인 개입전략을 지혜롭게 도출할 수 있다. 치료자문집단의 동료들은 치료자의 역기능적인 생각에 직접적으로 도전했다. 치료자는 마음챙김기술을 발휘해서 자신의 능력을 소상하게 묘사했는데, 실제로 수동적인 내담자를 다루는 치료기법을 더 배울 필요가 있었다. 치료자문집단은 지쳐 있는 치료자를 타당화하면서 치료자에게 치료기법을 가르쳤고 역할연기까지 실시했다. 치료자의 죄책감이 줄어들었고 내담자를 포기하고 싶은 충동도 누그러졌다.

변증법적 행동치료자는 본격적인 치료과정에 들어가기 전에 사전작업을 실시한다. 이때, 치료자문집단에 참석한 모든 치료자는 몇 가지를 약속한다. 가장 중요한 약속은 치료원칙을 고수하려고 노력하겠다는 것이다. 또한 내담자에게 하듯이 치료자 자신에게도 변증법적 행동치료의 치료기법을 적용하겠다고 약속하며, 각자의 역할을 담당하다가 문제가 생기면 그것을 치료자문집단에서 공개적으로 논의하겠다고 합의한다. 매주 개최되는 치료자문집단에 성실하게 참석하겠다는 약속도 중요하다. 치료자문집단에 참석하지 않는 것은 자문방해행동이다. 이런 행동을 반복하는 사람은 더 이상 변증법적 행동치료자가 아니다. 모든 변증법적 행동치료자는 여섯 가지 치료자문규칙에 합의한다. 구체적인 내용은 이어서 상세히 기술하겠다. 내담자에게 구사하는 전념전략을 치료자 자신에게도 적용하면 치료자문규칙을 지키는 데 도움이 된다.

치료자문규칙은 치료자문집단 안에서 각각의 치료자가 어떻게 상호작용해야 하는지 서로 합의한 것이다. 치료자문규칙을

설정하면 여러 사람이 함께 일할 때 겪게 마련인 갈등을 예방하
고 해결하는 데 도움이 된다. 변증법적 행동치료자는 일관성을
유지하고, 내담자에게 자문하고, 변증법적으로 사고하고, 오류
를 인정하고, 한계를 지키고, 내담자를 공감하겠다고 약속한다
(Linehan, 1993a). 치료자문집단은 문제행동을 반복하는 내담자
를 경멸적으로 비난하지 않고 공감적으로 이해하려고 함께 노력
한다. 변증법적 행동치료자는 치료자와 내담자 사이에서 벌어지
는 긴장 및 치료자와 치료자 사이에서 빚어지는 갈등을 변증법
적으로 해석하고 해결하기 위해 함께 노력한다. 변증법적 행동
치료자는 일관성을 유지하려고 노력한다. 그러나 모든 치료자가
내담자를 항상 똑같이 대해야 한다는 경직된 규칙을 일컫는 것
은 아니다. 예컨대, 개인심리치료를 맡은 치료자가 휴가를 떠나
서 기술훈련집단을 맡은 치료자가 역할을 대신하고 있는데 내담
자가 자살시도를 했다고 가정해 보자. 만약 기술훈련집단 담당
자가 평소에 개인심리치료 담당자가 결정하던 것보다 입원 시기
를 앞당긴다면, 이것은 일관성을 유지하기로 합의한 규칙에 위
배된다. 그러나 비일관성은 경계선 성격장애를 지니고 있는 내
담자가 새로운 기술을 학습할 수 있는 기회를 제공한다. 변화무
쌍한 환경에서 살고 있는 내담자가 이번 기회를 활용해서 비일
관성에 대처하는 기술을 배울 수 있기 때문이다. 변증법적 행동
치료자는 자신이 오류를 범할 수 있다는 사실을 겸허하게 인정
한다. 치료자가 자신의 실수를 감추지 않고 순순히 인정하면 치
료자가 일으키는 치료방해행동이 현저하게 줄어든다. 만약 어떤

치료자가 동료들의 정확한 지적을 받아들이지 않는다면, 치료자 문집단은 치료자문규칙을 강조하면서 치료자가 변증법적 행동 치료의 원리를 수용하도록 권고한다.

변증법적 행동치료자는 내담자가 어떤 치료자와 갈등을 빚더 라도 중재역할을 하지 않는다. 그 대신, 그 치료자와 효과적으로 상호작용할 수 있는 방법을 내담자에게 직접 자문하고 가르친 다. 예컨대, 내담자가 기술훈련집단을 맡은 치료자와 마찰을 빚 을 수 있다. 이때 치료자는 내담자를 대신해서 그 치료자에게 불 만을 표현하지 않고, 내담자 스스로 대인관계 기술을 활용해서 그 치료자의 행동을 변화시키고 관계를 개선하도록 코칭한다. 내담자가 지금까지 학습한 기술을 실전에서 발휘하도록 격려하 는 것이다. 원래 이 규칙은 경계선 성격장애를 지니고 있는 내담 자의 수동적인 동시에 요구적인 특성을 다루기 위해 고안된 것 이다. 그런데 치료진을 분열시키는 내담자의 문제행동을 줄이는 데도 유익하다. 치료자가 동료에게 자신의 내담자를 어떻게 대 하라고 직접적으로 요구하면 치료진 사이에 분열이 발생하기 쉽 다. 치료자문집단에 참석하는 모든 치료자는 이 규칙을 준수하 면서 서로 건설적인 피드백을 주고받는다. 피드백의 본질은 변 증법적 행동치료의 치료원칙을 지키도록 격려하는 것이다. 그렇 게 하면 치료자의 역량을 향상시킬 수 있고 치료자문집단 안에 서 서로 갈등하고 분열되지 않을 수 있다.

한계를 지키겠다는 약속도 중요하다. 치료자문집단은 모든 치 료자가 자신의 인간적 및 전문적 한계를 인정하고 준수하게 이

끈다. 아울러 다른 치료자가 담당하는 역할을 너무 좁게 혹은 너무 넓게 한정하지 않는다. 내담자에게 불행한 사건이 벌어지면 혹은 그가 바람직한 방식으로 요청하면, 치료자는 따로 시간을 내서 내담자를 더 자주 만날 수 있다. 그러나 지나치게 무리해서 내담자를 만나지는 않고, (입원치료를 강화하지 않으려는 목적으로) 자살위기 상황에서 외래치료를 하겠다고 고집하지 않으며, 내담자가 상담 중에 치료자에게 고함을 지르도록 허용하지 않는다. 이것이 한계를 지키는 것이다. 하지만 이런 상황에서도 변증법적 행동치료자는 치료원칙을 고수하겠다는 약속과 전문가의 윤리를 준수하겠다는 규칙을 지켜야 한다. 아울러 변증법적 행동치료자는 내담자가 일정한 한계에 유연하게 대처할 수 있도록 훈련시킨다. 예컨대, 대부분의 치료자는 정당하게 주어진 휴가를 포기하지 않는다. 그런데 대부분의 내담자는 치료자가 휴가를 떠나면 상당한 어려움을 겪는다. 이렇게 명백한 문제가 예상되는 경우, 치료자는 휴가를 앞두고 추가로 내담자를 만날 수 있다. 추가한 치료시간에는 치료자를 만나지 못하는 동안 어떻게 버틸지 상의하고, 적절한 대처기술을 연습해서 휴대전화에 녹음하고, 혼자서 버티기 어려우면 다른 치료자를 만나도록 주선한다.

　치료진이 번갈아 가면서 객관적인 관찰자의 역할을 담당하면 치료자문집단의 효율성이 높아진다. 관찰자 역할을 맡은 치료자는 치료자문집단이 운영되는 과정에 주목하고, 다른 치료진은 평소처럼 치료자문행동에 전념한다. 관찰자는 치료자문규칙이 지켜지고 있는지, 치료자문집단이 본래의 목적에서 변질되지 않았는지, 다른 치료진이 마음챙김으로 자신의 언행을 감찰하고 있는지 세심하게 살핀다. 아울러 치료자문집단이 중요한 주제를 다루지 않고 회피하는 것은 아닌지 주의를 기울인다. 만약 그렇다면 치료진이 서로를 취약한 존재로 지각하고 있다는 뜻이다. 관찰자는 치료자문집단에서 발생하는 문제를 변화시킬 계기를 찾아내고 생산적인 논의를 촉진해야 한다.

13

프로그램 도입

변증법적 행동치료자는 효율적인 치료환경을 구축하려고 노력한다. 흥미롭게도, 치료환경을 구축할 때 동원하는 전략은 내담자를 치료할 때 사용하는 전략과 동일하다. 새로운 심리치료 프로그램을 도입하는 것이 별로 어렵지 않다고 생각하는 사람이 많은데 그것은 순진한 착각이다. 개선된 심리치료 프로그램을 도입하는 것이 마땅함에도 불구하고, 일선에서 내담자를 치료하는 치료자의 욕구와 이선에서 기관을 운영하는 관리자의 욕구는 서로 충돌한다. 치료환경 구축에 관한 연구에서 드러나듯이(Fixsen, Naoom, Blase, Friedman, & Wallace, 2005), 심리치료 프로그램을 성공적으로 도입하려면 조직적으로 접근해야 한다. 특히 변증법적 행동치료처럼 다양한 치료양식을 가지고 있는 경우에는 전략적으로 접근하는 것이 중요하다. 프로그램이 워낙 복잡하기 때문에 의사결정권자의 신뢰를 얻기가 그만큼 힘들기 때문이다(Yeaton & Sechrest, 1981).

변증법적 행동치료자는 본격적인 심리치료를 시작하기 전에 사전작업(15장)을 통해 내담자가 치료자를 찾아온 이유를 파악하고 그것을 변증법적 행동치료의 목표와 조율한다. 사전작업에 열정을 쏟아야 긍정적인 치료효과가 나타나는 것처럼 변증법적 행동치료 프로그램을 도입하려면 사전작업에 심혈을 기울여야 한다. 이번 장에서는 변증법적 행동치료를 실시하는 데 필요한 치료환경을 구축하는 전략에 대해서 논의하겠다. Swales(준비 중)의 논문에 더 자세한 논의가 실려 있으니 참고하기 바란다.

조직적 사전작업

변증법적 행동치료에서 다양한 치료양식을 조율하고 전반적인 치료과정을 관장하는 일종의 책임자는 개인심리치료를 맡은 치료자다. 이와 비슷하게, 새로운 심리치료 프로그램을 도입하려면 조직적인 사전작업을 총괄하는 책임자가 필요하다. 공식적인 책임자가 없으면 흐지부지되기 십상이다(Barwick et al., 2005). 일반적으로 치료자 혹은 관리자 중에서 경륜이 많은 사람을 책임자로 추대한다. 책임자는 개인과 조직(혹은 기관)의 협력을 이끌어 내고, 그들의 목표 및 프로그램의 목표를 파악하고 조율하는 역할을 수행한다. 또한 책임자는 변증법적 행동치료 프로그램을 운영하는 데 필요한 자원을 확보하고, 새로운 프로그램을 도입하면 조직이 추구하는 목표를 달성할 수 있을 것이라는 신뢰를 심어 준다. 대개의 경우, 사전작업을 총괄하는 책임자는 나중에 프로그램이 도입되었을 때 여러 치료진을 이끄는 리 더 역할을 맡으려는 사람일 것이다.

책임자는 제일 먼저 기관의 의중을 명확하게 파악해야 한다. 기관이 고위험행동을 반복하는 경계선 성격장애 내담자에게 심리치료 프로그램을 제공할 용의가 있는지 확인하는 것이다. 만약 그런 의지가 있다면, 다음으로 변증법적 행동치료 프로그램을 도입하는 것이 과연 효율적인지 여부를 책임자와 기관이 함께 평가한다. 변증법적 행동치료 프로그램은 증거기반치료를 통해 경계선 성격장애 및 반복적인 자살행동을 치료하려는 의지가 있는 기관에 적합하다. 또한 고위험행동을 평가하고 관리하는 시스템을 체계적으로 갖추려는 의도가 있는 기관에 적합하다(Linehan, 1993a). 기관의 입장에서는 비용 대비 효율을 따지기 마련인데 변증법적 행동치료는 전통적인 심리치료보다 효율적이라는 사실이 입증되어 있다(Brazier et al., 2006). 또한 변증법적 행동치료는 치료하기 어렵다고 알려져 있는 내담자에게 치료 팀을 꾸려서 접근하는 새로운 방식이라는 점도 주목할 만하다.

경계선 성격장애를 지니고 있는 내담자를 전혀 치료하지 않는 기관은 굳이 변증법적 행동치료 프로그램을 도입할 까닭이 없다. 그러나 이선에서 기관을 운영하는 사람은 문제의식을 가지고 있지 않더라도, 일선에서 다양한 내담자를 돌보는 치료자가 치료성과를 향상시킬 방안으로 변증법적 행동치료를 도입할지 고려하고 있다면 이야기는 달라진다. 예컨대, 어떤 기관은 성격장애를 지니고 있는 내담자를 아예 치료하지 않는다. 이것은 성격장애의 치료는 정신건강 서비스의 영역이 아니라고 생각하거나 성격장애는 치료가 불가능하다고 생각하기 때문이다. 혹은 두 가지 모두에 해당한다고 생각하기 때문이다. 이런 기관의 경우, 내담자를 치료하기는 하지만 성격장애라고 진단하지는 않는 방식, 혹은 다른 심리장애로 진단해서 내담자를 치료하는 방식으로 기관을 운영하는 경향이 있다. 일선의 치료자는 성격장애를 치료하고 있지만, 이선의 관리자는 그 사실을 모르거나 혹은 모르는 척하는 것이다. 이런 경우, 사전작업을 총괄하는 책임자는 기관이 실상을 인식하고 분석하게 지원해야 한다. 그렇게 함으로써 기관이 추구하는 목표를 명확하게 정립할 수 있고, 필요하다면 해결책으로 변증법적 행동치료 프로그램을 도입할 수도 있을 것이다.

만약 기관이 변증법적 행동치료 프로그램을 도입하겠다고 결정하면, 책임자는 효율적인 치료환경을 구축하기 위해 어떤 치료자원이 필요한지 상세하게 안내한다. 고위험행동을 반복하는 내담자에게 다양한 치료양식과 단계별 접근방식을 제공하려면 상당한 인력과 시간을 투자해야 한다. 초기에는 치료진의 교육훈련과 역량향상에 자원이 집중될 것이므로 당분간은 눈에 보이는 성과를 거두기 어려울 것이다. 변증법적 행동치료 프로그램을 운영하는 데 반드시 필요한 자원을 안정적으로 확보하기 위해 책임자는 변증법적 행동치료에서 구사하는 전념전략을 적극적으로 사용해서 기관의 충분한 협조를 이끌어 내야 한다.

이 과정에서 책임자는 기관이 추구하는 목표가 서로 충돌하지 않는지 파악해야 한다. 모순되는 목표를 추구하는 기관에는 변증법적 행동치료 프로그램을 도입하는 것이 곤란하기 때문이다. 예컨대, 기관이 대기시간을 단축하는 데 주안점을 두는 경우, 변증법적 행동치료처럼 상당한 시간이 소요되는 프로그램을 도입하면 목표가 서로 충돌한다. 시간이 부족해서 신규 내담자를 받지 못하면 대기시간이 오히려 늘어날 것이기 때문이다. 이때, 책임자는 내담자에게 하듯이 기관에도 변증법적 관점을 제시함으로써 모순을 해결한다. 먼저, 책임자는 두 가지 목표를 모두 타당화한다. 예컨대, 시간적 효율성을 확보해서 더 많은 내담자를 치료하려는 목표와 치료적 전문성을 확보해서 더 심각한 내담자를 치료하려는 목표는 모두 타당하다. 다음으로, 책임자는 치료적 전문성의 확보가 시간적 효율성의 확보에 도움이 되는지 여부를 기관과 함께 평가한다. 예컨대, 경계선 성격장애에 특화된 치료적 전문성이 부족해서 시간적 효율성까지 감소되는 경우가 있다. 이런 경우, 치료적 전문성을 확보하면 시간적 효율성도 확보하게 된다는 점에 주목한다. 만약 서로 충돌하는 목표를 모두 달성할 수 있는 마땅한 해결책을 찾을 수 없다면, 책임자는 기관과 함께 손해-이득 분석을 실시해서 기관이 우선적으로 추구하는 목표를 선택하게 유도한다. 만약 기관이 변증법적 행동치료 프로그램을 도입하지 않는 쪽을 선택하더라도 변증법적 행동치료자는 그런 결정까지 진심으로 수용한다. 지금은 새로운 심리치료 프로그램을 도입하기에 적절한 시점이 아닌 것이다.

　기관 및 기관장이 책임자에게 "그렇다면 변증법적 행동치료 프로그램의 일부만 먼저 도입해서 두 가지 목표를 모두 달성합

시다."라는 타협안을 제시할지 모른다. 그리고 새로운 심리치료 프로그램을 반드시 도입해야 한다고 생각하는 동료들도 그렇게 절충하자고 책임자를 압박할지 모른다. 그러나 온전한 형식을 갖추지 못한 변증법적 행동치료 프로그램의 치료효과는 불확실하다. 이런 경우, 책임자는 변증법적 행동치료의 수반성 전략을 활용해서 실마리를 풀어 갈 수 있다. 예컨대, 아직 온전한 심리치료 프로그램을 감당할 수 있는 자원(예: 시간, 교육, 재정, 인력)이 마련되지 않았으므로 기관이 충분한 자원을 투자할 때까지 도입을 연기하겠다고 결정할 수도 있다. 혹은 온전한 심리치료 프로그램을 작은 규모로 구성해서 소수의 내담자에게 적용하고 치료효과를 검증한 뒤, 이것을 근거로 기관의 충분한 투자를 유인하겠다고 결정할 수도 있다.

사전작업을 진행하다 보면 우여곡절을 겪는다. 이때 변증법적 행동치료자는 마음챙김기술을 발휘해서 기관과 기관장을 상대해야 한다. 즉, 내담자를 판단하지 않으려고 애쓰고 자신을 판단하지 않으려고 애쓰는 것처럼 기관과 기관장도 판단하지 않으려고 애써야 한다. 사실은 이것이 가장 중요한 그러나 몹시 어려운 과제다. 기관과 기관장에게 마음챙김기술을 발휘하라는 요구는 변증법적 행동치료자에게도 결코 익숙하지 않다. 실제로 우리도 기관과 기관장을 비판하며, 그들을 신랄하게 비판하는 동료를 강화하고 격려한다. 어떤 기관과 기관장은 정말 비판을 받아야 한다. 기관과 기관장을 판단하면 잠깐 속이 시원할 것이다. 그러나 마음챙김기술을 발휘하지 못하면 정서적으로 각성되고 문제해결능력이 감소된다. 그 결과는 치료자의 소진이다. 또한 기관과 기관장을 판단하는 것만으로는 그들을 변화시킬 수 없다. 그러므로 책임자와 치료자는 변증법적 행동치료 프로그램의 도입을 방해하는 요인을 있는 그대로 기술하고, 그것을 도입방해행동이라고 정의해야 한다. 다음 순서는 도입방해행동의 기능을 분석하고 해결책을 모색하는 것이다. 내담자가 치료방해행동을 할 때 변증법적 행동치료자가 선택하는 전략과 똑같은 전략을 기관과 기관장의 도입방해행동을 다룰 때도 적용해야 한다. 도입방해행동의 연쇄과정을 철저하게 분석하면 새로운 심리치료 프로그램을 성공적으로 도입할 수 있을 것이다.

14

치료단계

변중법적 행동치료자는 경계선 성격장애 및 공존병리를 지니고 있는 내담자를 단계적으로 치료한다. Linehan(1993a)은 첫 번째 매뉴얼에서 치료단계를 사전작업, 1단계, 2단계의 순서로 제시했다. 이후에 그녀는 3단계와 4단계를 추가했다. 단계적 접근방식은 다른 심리장애를 치료할 때도 적용할 수 있다(Linehan, 1999). 최근의 견해에 따르면, 변중법적 행동치료는 어떤 단계부터 시작해도 괜찮다. 단, 내담자가 겪고 있는 문제의 심각성과 복잡성을 고려해서 최초 단계를 결정해야 한다. 사전작업의 목표는 문제행동의 심각성과 복잡성을 평가하고, 변중법적 행동치료 프로그램을 내담자에게 소개하며, 내담자의 치료동기를 고취하는 것이다. 1단계의 목표는 내담자의 행동을 안정시키는 것이다. 특히 생명을 위협하는 행동과 극심하게 불안정한 행동의 빈도를 줄이는 데 방점을 찍는다. 1단계를 마치면 치료자와 내담자는 몇몇 단계 혹은 모든 단계를 더 진행하겠다고 결정할 수도 있고, 여기서 치료작업을 중단하겠다고 선택할 수도 있다. 2단계에서는 과거의 경험을 정서적으로 처리하는 데 초점을 맞춘다. 과거에 끔찍한 외상을 경험한 내담자는 2단계 치료를 실시하는 것이 바람직하다. 3단계의 목표는 내담자가 일반적인 수준의 행복감과 불행감을 경험하도록 이끄는 것이다. 3단계에서 흔히 벌어지는 문제는, 내담자가 드러내는 문제행동이 상대적으로 경미하기 때문에 그 문제행동이 내담자의 삶에 미치는 영향도 상대적으로 미약하다는 것이다. 그래서 심리치료를 중단하는 내담자가 많다. 3단계에서는 주로 부부문제, 학업문제, 취업문제 등을 다룬다. 4단계의 목표는 내담자가 즐거움을 더 느끼도록 이끄는 것이다. 4단계에 이르면 내담자가 일반적인 수준의 행복감과 불행감을 경험한다. 그러나 아직 그것을 충분히 경험하지는 못하며, 때때로 삶이 무의미하거나 혹은 주변에 아무도 없다고 생각한다. 4단계에서는 통찰을 지향하는 심리치료가 효과적이며, 영적 혹은 종교적 훈련을 병행하기도 한다. 자원과 능력이 허용하는 범위에서 변증법적 행동치료자는 내담자를 가급적 1단계와 2단계까지 치료하려고 노력한다. 일반적으로 공공기금이 투입되는 정신건강기관에서는 3단계와 4단계의 내담자를 거의 치료하지 않는다. 대개 개업한 심리치료자와 자원봉사자가 이들을 치료한다. 변증법적 행동치료자가 1단계와 2단계의 치료를 마무리하고 3단계와 4단계의 치료가 남아 있다는 것을 안내하면, 경계선 성격장애를 지니고 있는 내담자의 회복과정을 촉진할 수 있다.

경계선 성격장애를 지니고 있는 내담자가 드러내는 문제는 복잡하고 다양하다. 따라서 단계적으로 접근해야 내담자와 치료자가 방향을 잃지 않고 질서를 갖추면서 치료목표를 달성할 수 있다. 각 단계마다 특정한 치료목표가 있으므로 변증법적 행동치료자는 각 단계의 구체적인 치료표적에 집중하는 것이 바람직하다. 지금까지 발간된 변증법적 행동치료 매뉴얼은 사전작업과 1단계를 중심으로 자세히 설명하고 있다. 이번 장에서 1단계와 2단계를 살펴보고, 다음 장에서 사전작업을 살펴보겠다.

1단계: 행동의 안정

1단계에서 변증법적 행동치료자는 내담자의 안전과 안정을 위협하는 문제행동에 주목한다. 치료자는 죽지 않고 살겠다는 희망을 증가시키고, 불안정한 행동의 빈도와 역기능적 행동의 강도를 감소시키며, 내담자를 돌보려고 하는 사람 및 체계와 긴밀한 관계를 형성하도록 돕는다. 변증법적 행동치료자는 우선순위에 따라 일련의 치료표적을 설정한다. 1단계에서 치료자가 제일 먼저 개입해야 하는 치료표적은 생명위협행동(life-threatening behavior)이다. 자살행동, 유사자살행동, 타살행동, 그 밖의 임박한 문제행동이 생명위협행동에 해당된다. 이어서 치료자는 치료방해행동(therapy-interfering behavior)과 생활방해행동(quality-of-life-interfering behavior)을 치료표적으로 설정하고 개입한다(16장). 이 책의 나머지 부분에서 1단계의 치료구조와 치료개입을 자세히 다루고 있으므로 참고하기 바란다. 적어도 4개월 동안

자살행동 및 유사자살행동이 사라지고, 생명위협행동을 하고 싶은 충동이 현저히 줄어들고, 심각한 생활방해행동이 현저히 줄어들거나 완전히 사라지고, 적응기술을 학습하고 발휘하는 능력이 현저히 늘어나야 비로소 1단계가 마무리되었다고 볼 수 있다.

1단계를 마치면 치료자와 내담자는 아직까지 남아 있는 문제행동의 심각성과 복잡성을 평가하고, 이어서 어떤 치료개입을 실시하는 것이 가장 적절한지 논의한다. 이때 변증법적 행동치료자는 앞으로 어떻게 진행하라고 내담자에게 강권하지 않는다. 다만, 경험적으로 효과가 입증된 심리치료를 받는 것이 바람직하다고 안내할 뿐이다. 내담자가 치료를 계속할지 혹은 중단할지 여부는 적절한 치료와 필요한 개입을 제공하는 치료자의 역량에 달려 있다.

2단계: 정서의 처리

2단계에서 변증법적 행동치료자는 내담자가 과거의 외상경험을 정서적으로 충분히 처리할 수 있게 노력한다. 상당수의 내담자가 아동기 외상경험을 지니고 있기 때문에 트라우마를 해소하고 처리하는 데 집중하는 것이다. 외상경험이 없는 내담자의 경우, 아직 해결하지 못한 갈등을 해소하는 작업을 실시할 수 있다. 경계선 성격장애를 지니고 있는 내담자는 타인과의 관계에서 혹은 자신과의 관계에서 이런 문제를 지속적으로 겪는다. 비록 그것이 심각한 불안정을 초래하지는 않더라도 이 시기에 적극적으로 다뤄 주는 것이 필요하다. 예컨대, 어렸을 적에 반복됐던 상실경험과 유기경험을 다루고, 과거의 대인관계 갈등이 현재의 대인관계 긴장에 미치는 부정적인 영향을 다룬다. 외상경험이 있는 내담자의 경우, 2단계까지 효과적으로 진행해야 1단계에서 얻은 치료성과를 유지할 수 있다. 외상경험이 없더라도 마찬가지다. 2단계를 효과적으로 진행하지 못하면 1단계로 되돌아갈 위험성이 있다. 불편한 감정과 침투적 사고를 견디기 힘들어서 다시 불안정한 행동을 반복할 가능성이 높기 때문이다.

변증법적 행동치료자는 1단계에서 행동을 안정시키고 2단계에서 정서를 처리하는데, Linehan이 첫 번째 매뉴얼을 발간한 시점을 고려하면 이것은 상당히 독특한 치료순서다. 당시에는 외상경험을 정서적으로 처리하는 치료개입을 제일 먼저 실시해야 한다고 생각했기 때문이다. 지금은 대부분의 심리치료자가 변증법적 행동치료의 치료순서를 지지한다. 특히 자살행동을 반복하는 경계선 성격장애 내담자의 경우에 그렇다. 불안정한 행동을 안정시키지 않은 상태에서 외상경험부터 처리하면 자살행동이 나타날 위험성이 증가하며, 자살행동이 나타날 위험성이 증가하면 다시 불안정한 행동에 빠져들 가능성이 높아진다.

치료단계의 전환

변증법적 행동치료자는 치료단계의 전환기에 나타나는 치료체계의 수반성 변화에 각별한 주의를 기울인다. 경계선 성격장애를 겪고 있는 내담자가 1단계를 벗어나서 2단계로 들어가면, 그동안 내담자에게 집중됐던 치료체계의 관심과 지원이 줄어든다. 이것은 자연스러운 현상이다. 치료체계의 입장에서는 위기 상황에서 벗어난 내담자 말고 다른 내담자에게 치료자원을 투여하는 것이 효율적이기 때문이다. 치료자원이 충분하지 못한 상황에서는 이런 일이 벌어질 수밖에 없다. 그런데 어떤 내담자는 이것을 미묘한 처벌로 받아들인다. 치료적 성과를 이뤄 낸 것은 좋은 일이지만, 치료적 관심이 줄어든 것은 나쁜 일이기 때문이다. 이런 경우, 내담자의 치료동기가 다소 약해질 수 있다. 적응에 어려움을 겪어야 치료자의 관심을 받을 수 있으므로 내담자는 적응기술을 발휘하지 않을 것이고, 문제행동은 다시 악화될 것이다. 다른 예로, 2단계까지 진행하지 않고 1단계에서 치료를 중단해서 문제행동이 악화되는 내담자도 있다. 외상후스트레스 장애를 겪고 있는 내담자에게는 노출치료를 실시해야 한다. 만약 2단계 심리치료를 진행하지 않으면, 외상경험이 유발하는 고통을 치료자의 도움 없이 내담자가 혼자서 감내해야 하므로 증상이 악화될 소지가 크다. 이런 미묘한 저항에 주목하는 변증법적 행동치료자는 내담자가 1단계를 벗어나서 2단계에 들어가더라도 치료적 관심을 꾸준하게 유지한다. 더 나아가서, 가능하면 오히려 이 시기에 치료자원을 더 투입하는 것이 바람직하다. 이것은 그동안 내담자가 학습했던 해로운 경험과 전혀 다른 교정적 경험이다.

충분한 성과를 거둔 내담자에게 치료자원을 더 투입하는 것과 정반대로, 계약기간이 끝날 때까지 충분한 성과를 거두지 못한 내담자에게는 더 이상 심리치료를 제공하지 않는다. 이것이 변증법적 행동치료에서 강조하는 수반성 전략의 독특한 측면이다. 일반적인 치료모형에서는 내담자의 문제행동이 악화될 때 혹은 내담자가 충분히 변화되지 않을 때 치료자원을 더 투입하는 경향이 있다. 그러나 변증법적 행동치료자는 내담자의 치료동기에 비례해서 치료자의 치료자원을 투입하는 수반성 전략을 체계적으로 구사한다. 변증법적 행동치료자는 치료효과가 나타나지 않는 심리치료를 지속하는 것은 비윤리적인 행위라고 생각한다.

15

사전작업

구체적인 정보를 가지고 의도적으로 선택해야 그것에 전념할 가능성이 높다. 변증법적 행동치료자는 이런 심리적 측면을 고려하면서 사전작업을 진행한다. 변증법적 행동치료자는 자신의 견해나 체계의 견해를 내담자에게 강요하지 않는다. 심지어 내담자에게 심리치료를 받으라고 권하지도 않는다. 내담자가 심리치료에 전념하게 하려면, 내담자가 심리치료를 선택하지 않아도 괜찮다는 역설적 태도를 견지해야 한다.

대개의 경우, 사전작업은 개인심리치료자가 진행한다. 치료자는 일련의 절차를 통해 내담자가 변증법적 행동치료 프로그램에 전념할 수 있도록 준비시킨다. 예컨대, 내담자의 치료목표를 파악하고, 문제행동의 심각성을 평가하고, 프로그램에 대한 정보를 제공하고, 심리치료에 전념하도록 격려하고, 긍정적인 치료관계를 형성한다. 대략 3~6회기 정도를 사전작업에 투자하는 것이 일반적이다.

비교적 쉽게 적절한 치료목표를 설정하는 내담자도 있지만 이것을 몹시 어려워하는 내담자도 있다. 목표설정 방법을 전혀 배우지 못했거나 목표설정을 권장하지 않는 환경에서 성장했기 때문이다. 또는 자신의 목표를 타인이 조롱할까 봐 두려울 수도 있고, 목표를 추구해 봐야 결국 실패할 것이라고 생각할 수도 있다. 치료자는 내담자가 치료목표를 설정하지 못하는 까닭을 파악하고, 다양한 방법을 동원해서 장애물을 제거한다. 예컨대, 타인이 조롱할까 봐 두려워서 치료목표를 설정하지 못하는 것이라면 마음챙김기술, 대인관계기술, 노출기법, 인지적 재구성 등의 치료기법을 조합해서 두려움을 다뤄 주고 치료목표를 설정할 수 있다.

치료자는 다양한 방법으로 변증법적 행동치료 프로그램의 구성요소와 진행절차를 내담자에게 안내한다. 내담자가 반드시 숙지해야 하는 정보는 직접 가르친다. 치료자는 사전작업을 진행하면서 치료양식, 치료단계, 치료표적, 치료전략 및 생물-심리-사회모형을 교육하고, 프로그램에서 내담자가 지켜야 할 치료규칙을 소개한다. 때로는 비유를 활용한다. 예컨대, 변증법적 행동치료에 참여하는 것은 트레이너에게 지도를 받으면서 운동하는 것과 비슷하다. 심리치료는 운동과 마찬가지로 상당히 힘겨운 작업이고, 치료적 변화는 더디게 나타나며, 희망을 품을 때도 있지만 낙담에 빠질 때도 있다. 헬스클럽에 나가지 못하는 이유는 얼마든지 있다. 그러나 마사지를 받으면 한결 편해진다는 점을 기억하게 한다. 사실, 내담자에게 변증법적 행동치료 프로그램을 소개하는 가장 효과적인 방법은 사전작업을 하면서 실제로 치료과정을 경험하게 하는 것이다. 예컨대, 내담자가 약속시간에 나타나지 않았다면, 치료자는 바로 그 문제행동을 분석하고 적절한 기술을 훈련해서 이후에 발생할 문제를 예방한다. 어떤 내담자와 과거의 치료경험을 논의한 적이 있다. 그녀는 치료시간을 늘리자고 요청했는데 치료자가 동의하지 않아서 홧김에 심리치료를 중단했다. 그녀는 치료자에게 거절당했다고 생각했고, 치료자가 자신의 욕구를 이해하지 못했다고 주장했다. 이런 경험을 소재로 삼아서, 우리는 치료시간의 연장 및 단축과 관련된 변증법적 행동치료의 수반성 전략을 내담자에게 소개했다. 아울러 치료자에게 거절당했다는 생각이 과연 타당한지 논의했고, 동일한 상황을 전혀 다르게 해석할 수 있다는 것을 파악했다. 그리고 앞으로 변증법적 행동치료를 진행하는 과정에서 비슷한 경험을 하면 심리치료를 갑자기 중단하지 말고 우리에게 꼭 이야기해 달라고 요청했다. 사전작업을 하면서 인지적 재구성을 실시하고 대인관계기술을 훈련시킨 것이다.

　치료자는 다양한 치료기법을 구사해서 내담자가 변증법적 행동치료 프로그램에 전념하도록 유도한다. 심리치료의 이득과 손해를 분석하고, 전념행동을 단계적으로 조성하고, 과거의 치료동기와 현재의 치료동기를 비교한다. 또한 내담자에게 선택의 자유가 있다는 점과 대안이 없다는 점을 강조하면서 악마의 옹호자, 문간에 발 들여놓기, 불쑥 쳐들어가기 기법을 조합하여 사용한다. 앞서 소개한 것처럼 '문간에 발 들여놓기'는 일단 작은

것부터 시작하게 해서 점차 더 큰 것을 시도하게 하는 전략이고,
'불쑥 쳐들어가기'는 가장 큰 것부터 요구해서 점차 작은 것을 얻
어내는 전략이다. 사회심리학 연구에 따르면, 두 기법을 조합할
때 가장 효과적이다(Goldman, 1986). '악마의 옹호자' 기법도 유
익하다(Goldfried, Linehan, & Smith, 1978). 예컨대, 치료자는 굳이
심리치료를 받을 필요가 없다고 주장하고, 내담자는 그에 맞서
서 심리치료를 받을 필요가 있다고 주장한다. 내담자 스스로 심
리치료의 필요성을 언급하면 심리치료에 전념할 가능성이 높아
진다. 치료자는 악마의 옹호자 역할을 서서히 거두면서 내담자
의 견해에 동의하고 전념행동을 강화한다. 선택의 자유가 있다
는 점과 대안이 없다는 점을 강조할 때, 치료자는 내담자가 심리
치료의 손해와 이득을 모두 고려하도록 유도한다. 예컨대, 내담
자는 변증법적 행동치료 프로그램에 전념하기로 결정할 수도 있
고 참여하지 않기로 결정할 수도 있다. 그러나 변증법적 행동치
료 프로그램 중에서 어떤 치료양식에는 전념하겠지만 다른 치료
양식에는 참여하지 않겠다고 선택할 수는 없다. 최종적인 결정
은 내담자의 몫이다. 어떤 문제가 있을 때 내담자는 그 문제 자
체를 적극적으로 해결할 수도 있고, 그 문제를 대하는 태도를 변
화시킬 수도 있다. 물론 속수무책으로 그저 고통스러워할 수도
있다. 이것도 하나의 선택이다. 그러나 내담자가 마지막 것을 선
택하면 변증법적 행동치료자는 더 이상 시간과 주의를 기울이지
않을 것이다.

 일반적인 심리치료와 마찬가지로 변증법적 행동치료자도 치

료관계를 중시한다. 내담자의 치료동기를 고취하기 위해 변증법적 행동치료자는 치료과정 전반에서 다양한 치료기법을 구사한다. 특히 타당화 전략(validation strategy)과 상호성 전략(reciprocal strategy)을 바탕으로 공고한 치료관계를 형성한다. 치료자는 내담자가 치료목표를 지혜롭게 설정했다는 점을 타당화하고, 문제행동을 반복하고 있는 까닭을 타당화한다. 그리고 문제행동을 변화시키는 것이 얼마나 어려운지, 낯선 치료자에게 털어놓는 것이 얼마나 두려운지, 변증법적 행동치료 프로그램에 참여하기로 결정하는 것이 얼마나 힘겨운지 타당화한다. 그러나 타당화라는 수용전략은 변증법적 행동치료의 필요조건일 뿐 충분조건은 아니다. 그런데 변증법적 행동치료를 수련하고 있는 초보치료자는 치료관계를 형성하면서 동시에 치료작업을 진행하는 데 종종 어려움을 겪는다. 대체로 내담자를 따뜻하게 대하면서 타당화하는 수용전략은 치료관계에 유익하지만, 문제해결을 강조하면서 내담자를 직면시키는 변화전략은 치료관계에 유해하다고 생각하기 때문에 이런 일이 벌어진다. 그러면 두 가지 중요한 문제가 발생한다. 첫째, 사전작업 단계에서 수용전략과 변화전략 사이의 균형이 깨지면 내담자가 잘못된 정보를 가진 상태에서 변증법적 행동치료를 선택하고 시작하게 된다. 둘째, 치료관계가 공고해질 때까지 변화전략의 도입을 미루면 내담자가 정서적 고통을 겪는 기간이 길어지고, 치료목표를 달성하는 시점도 늦어진다. 치료적으로 가장 강력한 타당화는 내담자가 겪고 있는 고통을 단순히 공감하는 것이 아니고, 내담자를 고통스럽게 하는 문제를 실제로 해결하도록 도와주는 것이다. 인간은 당면한 문제를 해결하는 데 도움이 되는 사람과 관계를 유지하려고 한다.

변증법적 행동치료자는 논리적인 순서에 따라 사전작업을 진행한다. 먼저 치료목표를 설정하고 치료과정을 소개해야 전념행동을 유도할 수 있다. 하지만 반드시 일정한 순서로 사전작업을 진행하는 것은 아니다. 모든 치료작업이 서로 얽혀 있기 때문이다. 예컨대, 치료자는 내담자와 치료목표를 논의하는 중에도 치료과정을 소개할 기회를 탐색한다. 만약 내담자가 인간관계를 개선하고 싶다는 치료목표를 언급하면, 치료자는 변증법적 행동치료 프로그램에서 학습할 대인관계기술을 설명한다. 또한 치료관계에서 발생하는 문제와 치료방해행동을 장차 어떻게 다룰 것인지를 안내한다. 아울러 치료자는 내담자가 심리치료에 전념하도록 이끌면서 더 구체적인 치료목표를 수립하고, 이와 동시에 치료관계를 더 공고하게 형성한다. 치료목표를 달성하는 데 방해가 되는 문제행동이 무엇인지 확인하고, 문제행동의 위계목록을 작성하며, 가장 중요한 치료표적이 무엇인지 탐색한다. 치료자는 치료표적에 대해 논의하면서 다시 전념행동을 유도하고, 생활일지를 작성하자고 제안하면서 내담자의 전념수준을 평가한다. 또한 치료자는 문제행동이 언제부터 시작되었고, 어떻게 유지되었는지 파악하면서 내담자에게 생물-심리-사회모형을 소개할 기회를 포착한다. 아울러 변증법적 행동치료 프로그램의 중요한 특징을 내담자에게 안내한다. 이런 과정을 통해 치

료관계가 다져지고 전념행동이 강화된다. 마지막으로, 치료자는
내담자가 변증법적 행동치료 프로그램에 참여할 준비가 되었는
지 확인하고, 내담자가 더 적극적으로 참여할 수 있도록 치료동
기를 북돋아 준다.

16

치료표적 위계목록

경계선 성격장애를 지니고 있는 내담자가 반복하는 문제행동은 다양하고 복잡하다. 그래서 변증법적 행동치료자는 치료표적 위계목록을 작성하여 치료과정을 조직한다. 치료표적 위계목록의 용도는 두 가지다. 첫째, 치료표적 위계목록의 상위에 속하는 중요한 문제행동에 집중적으로 개입하는 것이 1단계 심리치료의 핵심이다. 치료표적 위계목록을 활용하면 중요한 문제행동과 연관되어 있는 공존병리를 파악할 수 있고, 유사자살행동이나 극단적인 공격행동과 같은 고위험행동을 체계적으로 관리할 수 있다. 치료자와 내담자는 치료표적 위계목록을 정기적으로 검토한다. 만약 고위험행동이 발생하면 치료자가 즉각적으로 개입한다. 사전작업을 진행하는 동안, 치료자는 치료목표를 달성하기 위해 어떤 치료표적에 주목할 것인지 결정한다. 둘째, 변증법적 행동치료자는 치료표적 위계목록을 고려해서 각 치료시간에 논의할 의제를 설정하고, 치료시간의 구조와 초점을 결정하며, 내담자와 상호작용할 전략을 수립한다. 치료표적 위계목록을 작성하면 치료방향이 명확해진다. 따라서 치료의 혼선을 줄일 수 있고 치료의 초점을 유지할 수 있다.

치료표적의 조직화

변증법적 행동치료자는 중요한 치료표적에 우선적으로 주의를 기울인다. 생명위협행동, 치료방해행동, 생활방해행동이 가장 중요한 치료표적이다. 1단계의 치료목표는 내담자의 행동기술을 증진시켜서 생명위협행동, 치료방해행동, 생활방해행동을 감소시키는 것이다. 이 장에서 세 가지 문제행동을 설명하고, 20장에서 행동기술을 설명하겠다.

과거에는 자살행동과 유사자살행동만 중요한 치료표적으로 간주했는데, 최근에는 법적인 문제를 야기하는 타살행동도 중요한 치료표적으로 분류한다(Linehan, 1993a). 경계선 성격장애 외에 여러 심리장애를 치료하는 데까지 변증법적 행동치료가 적용되고 응용되자 생명위협행동의 범위도 다음과 같이 넓어졌다.

- 자살행동, 유사자살행동
- 타살행동
- 이런 행동을 하려는 위협
- 이런 행동을 하려는 충동
- 자살사고 및 타살사고의 현저한 증가

● 기타 임박한 생명위협행동

변증법적 행동치료자는 사전작업을 진행하면서 내담자가 어떤 생명위협행동을 하는지 구체적으로 탐색한다. 그런데 변증법적 행동치료의 초심자 중에는 유사자살행동을 생명위협행동에 포함시킨 까닭에 의문을 제기하는 치료자가 가끔 있다. Kreitman(1977)은 유사자살행동을 두 종류로 구분했다. 첫째, 유사자살행동은 신체적 손상, 질병, 사망의 위험을 초래하는 의도적이지만 치명적이지는 않은 자해행동이다. 둘째, 유사자살행동은 신체적 손상 혹은 사망의 위험성을 알면서 의도적으로 처방받지 않은 약물을 복용하는 행동 혹은 처방받은 약물을 과용하는 행동이다. 정말로 죽으려는 의도가 있었는지 여부와 무관하게, 그리고 유사자살행동이 생명을 위협하는 수준인지 여부와 무관하게, 유사자살행동은 자살을 예측하는 가장 강력한 변인이다. 실제로 경계선 성격장애 내담자 중에서 유사자살행동을 하는 사람이 유사자살행동을 하지 않는 사람에 비해 자살로 생을 마감하는 경우가 2배가량 많다(Frances, Fyer, & Clarkin, 1986). 그래서 변증법적 행동치료자는 유사자살행동을 생명위협행동에 포함시킨다. 만약 치료자가 유사자살행동에 주의를 기울이지 않으면 내담자에게 잘못된 메시지를 전달할 우려가 있다. 내담자는 유사자살행동을 피할 수 없는 행동, 변화시킬 수 없는 행동, 심지어 안전한 행동이라고 오해할 수 있다. 생명위협행동에 철저하게 주의를 기울이는 것은 변증법적 행동치료의 대표적인 특징이다(Linehan, 1993a, p. 174).

다음으로, 변증법적 행동치료자는 치료적 진전을 가로막는 치료방해행동에 주목한다. 인지행동치료 역시 치료적 협력관계의 중요성을 초창기부터 강조했지만(Beck, Rush, Shaw, & Emery, 1979), 변증법적 행동치료는 치료동맹을 훼손하는 치료자와 내담자의 문제행동을 파악하고 개입하는 구조를 더 정교하게 조직했다. 치료방해행동은 내담자도 하고 치료자도 한다. 가장 흔한 내담자의 치료방해행동은 약속시간에 나타나지 않는 행동(예: 불참, 지각), 치료에 협조하지 않는 행동(예: 치료시간에 침묵함, 과제를 수행하지 않음, 과제가 무의미하다고 반복해서 언급함), 치료자의 동기를 약화시키는 행동(예: 치료자의 노력을 폄하함, 치료자를 언어적으로 공격함)이다. 과거의 치료경험에 근거해서, 치료자와 내담자는 장차 어떤 치료방해행동이 나타날지 미리 예상할 수 있다. 물론 예상하지 못한 치료방해행동도 빈번하게 발생한다. 내담자가 치료방해행동을 하면 변증법적 행동치료자는 그것을 치료표적 위계목록에 추가하고 세심한 주의를 기울인다.

치료자의 치료방해행동은 대개 변증법적 균형을 적절하게 유지하지 못할 때 발생한다. 예컨대, 치료자가 극단적 경직성 혹은 극단적 유연성을 보이는 경우, 변화전략과 수용전략의 균형을 맞추지 못하는 경우에는 본의 아니게 치료적 진전을 가로막을 수 있다. 변증법적 행동치료의 초심자 중에는 치료모형을 온전하게 적용하지 않는 치료자가 있다. 이것은 명백한 치료방해행동이다. 또한 치료자에게 가장 익숙한 전략 혹은 가장 편안한

전략만 집중적으로 구사하는 것도 일종의 치료방해행동이다. 치료자의 치료방해행동을 다루려면 치료자가 기꺼이 자신의 문제행동을 인정하고 수정하려는 노력이 필요하다(29장). 치료자문집단에 참석해서 동료들과 의논하면 치료방해행동을 감소시키는 데 도움이 된다. 치료자의 치료방해행동에 대해 내담자와 함께 논의하는 것도 유익한 방법이다. 대인관계기술을 훈련할 수 있는 기회이기 때문이다. 치료자가 자신의 문제행동을 솔직하게 인정하고 해결하는 모습을 지켜보면서, 내담자는 치료관계 및 인간관계에서 벌어지는 여러 가지 문제를 해결하는 대인관계기술을 배울 수 있다.

생활방해행동은 내담자의 삶을 불안정하게 동요시키는 심각한 문제행동을 뜻한다. 생활방해행동이 감소되면 내담자의 행동이 안정되고, 내담자의 행동이 안정되면 삶의 질이 향상된다. 그래서 변증법적 행동치료자는 다른 심리장애와 연합되어 있는 생활방해행동에 주목한다. 경계선 성격장애를 지니고 있는 내담자가 드러내는 문제행동은 복잡하고 다양하다. 이 점을 고려해서 변증법적 행동치료자는 어떤 생활방해행동이 나타날지 예상하고 대비한다. 예컨대, 어떤 내담자가 경계선 성격장애와 함께 외상후스트레스장애, 신경성 폭식증, 주요우울장애 진단을 받았다. 그녀의 삶의 질을 저하시키는 생활방해행동에 주목하여 치료표적 위계목록을 작성하면서, 치료자는 현재 시점에서 가장 심각한 불안정을 초래하는 문제행동을 다음과 같이 파악했다.

- 외상후스트레스장애: 해리증상
- 신경성 폭식증: 폭식행동, 구토행동
- 주요우울장애: 우울기분

　다른 예로, 법원에서 의뢰된 어떤 내담자는 경계선 성격장애와 함께 반사회성 성격장애, 물질사용장애, 외상후스트레스장애 진단을 받았다. 그의 경우, 다음과 같은 생활방해행동을 치료표적 위계목록에 포함시켰다.

- 반사회성 성격장애: 재산의 파괴행동, 언어적 공격행동
- 물질사용장애: 코카인 복용행동
- 외상후스트레스장애: 외상사건의 재경험

　이 내담자는 폭력행동 때문에 유죄선고를 받은 전과도 있었다. 그래서 치료자는 그것을 생명위협행동으로 간주하고 치료표적 위계목록의 최상위에 배치했다.
　다른 심리장애와 연합되어 있는 생활방해행동이 아니라도, 변증법적 행동치료자는 내담자의 삶의 질을 저하시키는 모든 불안정한 행동을 치료표적 위계목록에 추가한다. 예컨대, 반복적으로 정신병원에 입원하는 행동, 착취적인 인간관계를 형성하고 유지하는 행동, 법적인 문제를 초래하는 행동에 주목한다. 이 과정에서 치료자는 내담자가 드러내는 복잡한 문제행동에 압도되지 않으면서 그것을 적절히 다뤄야 한다. 그러나 치료표적 위계

목록에 포함된 문제행동이 너무 많기 때문에 변증법적 행동치료
자는 각 치료시간의 구조와 초점을 유지하는 데 종종 어려움을
겪는다.

치료시간의 구조화

치료표적 위계목록은 전반적인 치료방향을 설정하는 것뿐만
아니라 개별적인 치료시간을 진행하는 데도 도움이 된다. 변증
법적 행동치료자는 치료표적 위계목록을 활용해서 각 치료시간
의 구조와 초점을 유지한다. 치료자는 지난 치료회기와 이번 치
료회기 사이에 내담자가 어떤 문제행동을 했는지 반드시 파악해
야 한다. 인지행동치료에서 자기관찰을 강조하는 것처럼 변증법
적 행동치료자는 내담자에게 생활일지(diary card)를 기록하라고
요청한다. 각 치료시간을 시작할 때 치료자는 내담자가 작성한
생활일지부터 확인하고 검토한다. 그리고 각 치료시간에 집중적
으로 다룰 치료표적을 생활일지에 기록되어 있는 정보들 중에서
선택한다.

생활일지를 작성하지 않으면 각 치료시간에 주목할 치료표적
을 선택할 수 없다. 만약 내담자가 생활일지를 가져오지 않았다
면, 치료자는 생활일지를 함께 기록하는 작업부터 진행한다. 그
다음에 생활일지를 가져오지 않은 치료방해행동에 개입한다. 자
기관찰과 관련된 치료방해행동을 다루는 것은 매우 중요한 치료
작업이다. 자기관찰을 수행하지 못하는 까닭을 면밀하게 파악
하는 과정에서 내담자가 곤란한 상황에 처했을 때 어떻게 행동

하는지를 통찰하는 데 도움이 되는 단서를 발견할 수 있다. 예컨 대, 곤란한 상황을 회피하려는 내담자가 많다. 자신을 비난하면 서 수치심에 압도되기 때문이다. 어떤 내담자는 변화의 가능성 이 희박하다는 절망적인 생각을 품고 강렬한 슬픔에 사로잡힐 수 있다. 생활일지와 관련된 문제를 치료실 안에서 해결하게 도 와주면서 변증법적 행동치료자는 내담자가 치료실 밖에서 비슷 한 문제를 겪을 때 어떻게 해결할 것인지 가르친다.

치료양식별 치료표적

변증법적 행동치료는 치료자와 내담자의 상호작용을 치료양 식별로 독특하게 구현한다. 앞서 소개한 다양한 치료양식마다 적합한 치료표적을 선정하고 적절한 치료순서를 결정하는 것이 다(10장). 예컨대, 기술훈련집단의 치료표적은 행동기술을 향상 시키는 것이다. 기술훈련집단을 맡은 치료자는 오직 내담자가 심각한 치료방해행동을 할 때만 거기에 주의를 기울이는데, 사 실상 그런 경우는 매우 드물다. 치료순서도 독특하다. 개인심리 치료에서는 치료방해행동을 제일 먼저 다루지만, 기술훈련집단 에서는 제일 먼저 행동기술을 향상시키고 치료방해행동(예: 과제 를 수행하지 않음, 토의에 참여하지 않음, 해리현상)을 나중에 다룬 다. 대부분의 경우, 기술훈련집단을 맡은 치료자는 내담자의 치 료방해행동을 무시한다. 심각한 치료방해행동이 발생하면 개인 심리치료를 맡은 치료자가 그것을 다루기도 한다. 변증법적 행 동치료의 기술훈련집단은 심리치료라기보다 교양강좌 혹은 대학수업과 비슷하다. 기술을 훈련시키는 치료자는 교육자에 가깝다. 집단과정에 주의를 기울이기는 하지만 그것을 집단에서 직접적으로 다루지는 않기 때문이다.

17

타당화 전략

변증법적 행동치료는 타당화 전략과 문제해결 전략으로 구성된다. 타당화 전략은 문제해결 전략(18~23장)과 대비된다. 치료자가 내담자의 감정과 생각과 행동과 목표의 진실한 측면에 주목하고 인정하는 것이 타당화(validation)다. 치료자는 내담자의 경험을 타당화하지만 내담자는 자신의 경험을 타당화하지 않는다. 그 이유는 내담자의 반응을 정확하지 않은 것 혹은 적절하지 않은 것으로 치부하는, 타당화해 주지 않는 환경에서 과거에 성장했고 현재도 생활하기 때문이다. 비록 겉으로 보기에 아무리 역기능적인 반응이라 할지라도, 내담자는 현명하게 반응하고 있고 기능적으로 살아가고 있다. 즉, 내담자의 모든 반응은 충분히 납득할 수 있는 타당한 반응이다. 이것이 변증법적 행동치료의 기본적인 가정이다. 내담자의 과거 경험과 현재 환경을 살펴보면 그것을 왜 타당한 반응이라고 하는지 이해할 수 있다. 예컨대, 내담자가 유사자살행동을 반복하는 까닭은 극심한 정서적 고통에서 벗어날 방법이 그것밖에 없기 때문이다. 내담자는 과거 경험의 맥락 속에서 유사자살행동을 반복하는 것이고, 정서적 고통에서 벗어나려는 현재 목표의 맥락 속에서 유사자살행동을 지속하는 것이다. 만약 내담자가 오직 자해행동을 할 때만 자신의 정당한 요구에 관심을 보이는 사람과 살고 있다면, 유사자살행동은 타인의 돌봄을 이끌어 내는 타당한 수단이다. 변증법적 행동치료자는 어떤 행동의 타당한 측면과 타당하지 않은 측면을 내담자와 함께 지혜롭게 변별한다. 예컨대, 유사자살행동은 정서적 고통의 감소라는 단기목표에 비춰 보면 타당한 행동이지만, 행동의 안정과 통제라는 장기목표에 비춰 보면 타당하지 않은 행동이다.

변증법적 행동치료자는 다섯 가지 목적으로 타당화 전략을 구사한다. 첫째, 변화와 수용의 균형을 추구한다. 둘째, 치료적 진전을 촉진한다. 셋째, 내담자가 자신을 타당화하게 한다. 넷째, 치료동맹을 강화한다. 다섯째, 내담자에게 피드백을 제공한다. 치료자는 타당화 전략을 통해서 변화와 수용의 변증법적 균형을 추구한다. Linehan에 따르면, 치료자가 무리하게 변화를 강조하면 내담자의 중도탈락 비율이 높아진다. 변화시킬 것이 너무 많기 때문에 내담자가 압도되는 것이다. 또한 치료자는 변화의 가능성이 없다는 내담자의 생각을 수정하려고 시도하는데, 이 과정에서 치료자가 내담자의 생각을 타당화하지 못하게 된다. 그러므로 변화와 수용을 함께 강조하는 변증법적 균형이 필요하다. 치료자가 변증법적 균형을 추구하면 내담자는 달라지라는 압박에 시달리지 않으면서 정서적인 고통을 감당할 수 있다.

　타당화 전략은 다른 기능도 담당한다. 예컨대, 내담자가 가족과 싸웠다. 분노를 조절하지 못하고 가족에게 물건을 집어던졌다. 그녀는 "정말 끔찍했어요. 도저히 참을 수 없었어요. 그렇게밖에 할 수 없었단 말이에요."라고 호소했다. 치료자는 "그래요, 당신 말이 맞아요. 별로 멋진 행동은 아니었지만요."라고 반응했다. 치료자는 내담자에게 피드백을 제공했고, 물건을 집어던진 것은 잘못이라는 내담자의 생각에 동의했다. 치료자는 솔직하게 반응했고 내담자를 판단하지 않았다. 결과적으로 치료동맹이 강화되었다. 이 사례에서 타당화와 긍정적 피드백의 차이점이 드러난다. 타당화가 반드시 긍정적일 필요는 없다. 긍정성 혹은 부정성과 상관없이 내담자의 반응이 충분히 납득할 수 있는 정확한 반응이라는 메시지를 전달하는 것이 타당화다.

　타당화는 심리치료의 근본이다. 모든 심리치료자가 내담자를 타당화한다(Rogers, 1951). 그러나 변증법적 행동치료자가 구사하는 타당화는 세 가지 측면에서 독특하다. 첫째, 변증법적 행동치료자는 내담자의 반응에서 타당한 측면을 발견하려고 적극적으로 노력한다. 둘째, 변증법적 행동치료자는 여섯 가지 수준의 타당화 전략을 구사한다. 셋째, 변증법적 행동치료자는 두 가지 유형의 타당화 전략을 구사한다. 하나는 명시적으로 제공하는 언어적 타당화고, 다른 하나는 암묵적으로 제공하는 기능적 타당화다.

　전통적인 인지행동치료자도 변화전략과 수용전략을 함께 구사한다. 그러나 인지행동치료자는 내담자의 반응에서 타당하지 않은 측면을 효과적으로 수정하려고 더 노력하고, 변증법적 행동치료자는 내담자의 반응에서 타당한 측면을 적극적으로 수용하려고 더 노력한다. 물론 변증법적 행동치료자도 내담자의 역기능에 주목한다. 그러나 변증법적 행동치료자는 변화의 필요성과 반응의 타당성을 동등하게 강조한다. 예컨대, 기술훈련집단에서 배운 행동기술을 일상생활에 적용하지 못해서 힘겨워하는 내담자가 "저는 가망이 없어요. 제대로 하는 게 아무것도 없어요."라고 이야기했다. 인지행동치료자는 '가망이 없다'는 생각의 역기능적 측면에 초점을 맞추지만, 변증법적 행동치료자는 그것이 정확한 생각이라고 내담자를 타당화한다. 실제로 내담자가 행동기술을 발휘하지 못했기 때문이다. 그런 다음, 변증법적 행동치료자는 행동기술을 발휘하지 못한 까닭을 자세하게 분석하고, 내담자와 함께 장애물을 제거하기 위한 계획을 수립한다. 내담자는 명백한 실패를 근거로 '가망이 없다'는 생각을 품은 것이고, 치료자는 그것이 정확한 생각이라고 타당화한 것이다. 따라서 변증법적 행동치료자는 "성공한 적도 있지 않았느냐?"는 질문을 던져서 내담자와 논쟁할 필요가 없어진다.

Linehan(1997)은 타당화를 여섯 수준으로 구분했다. 마지막 두 수준의 타당화가 변증법적 행동치료의 독특한 특징이다. 나머지 네 수준의 타당화는 다른 치료모형에서도 사용한다. 첫째, 진지하게 경청한다. 둘째, 정확하게 반영한다. 셋째, 마음을 읽어 준다. 내담자가 미처 표현하지 못한 생각과 감정에 주목한다. 넷째, 과거 경험의 맥락에서 타당화한다. 정서적 취약성 및 환경적 취약성을 감안해서 타당화한다. 다섯째, 현재 상황의 맥락에서 타당화한다. 여섯째, 근본적으로 진실하게 반응한다.

현재 상황의 맥락에서 타당화한다는 것은 내담자가 당면하고 있는 현실을 고려하면 그런 반응이 '정상적'인 반응이라는 메시지를 전달하는 작업이다. 내담자만 그런 반응을 보이는 것이 아니라 다른 사람도 똑같은 반응을 보일 것이다. 경계선 성격장애를 지니고 있는 내담자는 타당화해 주지 않는 열악한 환경에서 성장했다. 그래서 자신이 정확하게 반응하고 있다고 생각하지 못하며, 타당한 반응과 타당하지 않은 반응을 지혜롭게 변별하지 못하고 혼란스러워한다. 치료자가 현재 상황의 맥락에서 내담자를 타당화하면, 내담자는 자신이 특이하게 반응하고 있는 것이 아니라 타인과 똑같이 반응하고 있다는 사실을 납득하게 된다. 앞서 소개한 사례에서, 내담자는 가족에게 비난당하는 상황에서 분노를 조절하지 못하고 물건을 집어던졌다. 변증법적 행동치료자는 "당신이 분노한 까닭을 충분히 이해할 수 있습니다. 가족에게 비난당하면서 분노하지 않는 사람이 누가 있겠습니까?"라고 현재 상황의 맥락에서 내담자의 정서 반응을 타당화한다. 그러면 내담자도 자신의 정서 반응을 타당화할 수 있고, 각성 수준을 감소시킬 수 있고, 치료작업을 이어 갈 수 있다. 이와 함께, 변증법적 행동치료자는 내담자의 행동 반응에서 타당하지 않은 측면을 지적하고 개입한다. 예컨대, 가족에게 물건을 집어던진 것은 타당하지 않은 행동이다. 내담자는 가족이 자신을 신뢰하기 원하는데, 자신의 행동을 조절하지 못하면 가족의 신뢰를 얻을 수 없기 때문이다.

근본적으로 진실하게 반응하는 것이 마지막 수준의 타당화다. 변증법적 행동치료자는 자신의 인간적인 반응을 내담자와 공유한다. 변증법적 행동치료자는 내담자를 부서지기 쉬운 연약한 존재로 취급하지 않고 진실을 감당할 수 있는 튼튼한 존재로 대우한다. 근본적으로 진실하게 반응하는 변증법적 행동치료자는 내담자를 내담자로 바라보지 않고 인간으로 바라보는 것이다. 만약 가족이나 친구가 강렬한 감정을 경험하고 있다면, 변증법적 행동치료자는 그들에게 인간적인 반응을 보일 것이다. 이와 똑같은 반응을 내담자에게 보이는 것이 근본적으로 진실하게 반응하는 마지막 수준의 타당화다. 앞서 소개한 사례에서, 치료자는 물건을 집어던진 행동은 별로 멋진 행동이 아니라고 솔직하게 이야기했다. 가족이나 친구에게 대꾸하듯이 인간적으로 반응한 것이다. 또한 변증법적 행동치료자는 내담자가 감당해야 하는 현실에 대해서도 근본적으로 진실하게 반응한다. 예컨대, 하나뿐인 친구가 멀리 이사를 갔다고 이야기하는 내담자에게 치료자는 "엄청나게 충격적인 소식이네요. 정말 힘들겠어요."라고 진실하게 반응한다. 이때, 내담자의 과거 경험을 감안하면서 그의 마음을 읽어 주는 세 번째 수준의 타당화를 함께 제공하면 최고의 효과를 발휘할 수 있다.

치료자의 성향에 따라 타당화의 양상도 다르다. 근본적으로 진실하게 반응하는 방법이 딱 한 가지만 있는 것은 아니다. 그러므로 변증법적 행동치료자는 자신의 성향에 맞게 내담자를 대하는 기술을 연마해야 한다. 즉, 치료자가 아니라 인간으로서 내담자를 근본적으로 진실하게 대하는 훈련이 필요하다. 하지만 이미 오랫동안 치료자의 역할을 완벽하게 수행하려고 노력하면서 살아왔기 때문에 이런 낯선 역할을 감당하기 어려워하는 치료자도 있다. 내담자에게 일정한 거리를 두는 것이다. 내담자에게 일정한 거리를 두지 않으면 개인적으로 영향을 받을까 봐 걱정하는 치료자도 있다. 이런 경우, 근본적으로 진실하게 반응하는 것은 치료효과가 경험적으로 입증되어 있는 치료전략이라는 사실을 유념할 필요가 있다. 전문적인 치료자의 역할을 포기하라는 뜻이 결코 아니다. 그것은 적어도 비효율적인 행동이고 심하면 비윤리적인 행동이다. 우리가 하려는 이야기의 참뜻은 근본적으로 진실하게 반응하는 것이 내담자에게 유익하다고 생각된다면 내담자를 취약한 존재가 아니라 평범한 사람처럼 대하라는 것이다.

마지막으로, 변증법적 행동치료자는 두 가지 유형의 타당화 전략을 구사한다. 지금까지 여섯 수준으로 구분해서 소개한 것이 언어적 타당화다. 내담자의 반응에서 정확한 측면과 현명한 측면을 적극적으로 발견하고 언어를 통해 메시지를 전달하는 언어적 타당화와 달리, 기능적 타당화는 직접적인 행동을 통해 메시지를 전달하여 내담자를 타당화하는 것이다. 예컨대, 내담자가 치료시간에 심각한 문제를 호소한다고 가정하자. 변증법적 행동치료자는 "그래요. 정말 심각한 문제네요. 당신이 그렇게 걱정하는 까닭이 충분히 이해가 됩니다."라고 언급할 수도 있고(명시적으로 제공하는 언어적 타당화), 곧바로 그 심각한 문제를 해결하는 치료작업에 돌입할 수도 있다(암묵적으로 제공하는 기능적 타당화). 치료자의 즉각적인 대처는 내담자의 호소가 정확한 것이고 신뢰할 수 있는 것이라는 메시지를 전달하기 때문에 치료적이다. 치료자는 암묵적으로 제공하는 기능적 타당화를 구사하면서 변증법적 역설(24장)을 강조한다. 사실, 최고의 타당화는 내담자가 겪고 있는 고통을 실제로 해결하도록 도와주는 것인 경우가 많다.

18

행동분석

  문제해결 전략은 변증법적 행동치료를 구성하는 변화전략의 핵심이다. 변증법적 행동치료자는 치료시간의 상당 부분을 표적행동을 변화시키는 데 투자한다. 또한 표적행동의 선행사건과 후속결과를 파악하고, 표적행동을 유발하는 변인과 지속하는 까닭을 행동주의 학습원리로 설명한다. 변증법적 행동치료자는 경험적으로 입증된 치료기법을 활용해서 표적행동을 치료하는데, 인지행동치료에서 개발된 다양한 치료기법도 포함시킨다. 문제해결 전략은 서로 밀접하게 연관되어 있는 두 가지 요소로 구성된다. 첫째, 표적행동에 영향을 미치는 변인을 파악하기 위해 행동을 분석한다. 둘째, 표적행동을 효과적으로 수정하기 위해 해결책을 모색한다.

  변증법적 행동치료자는 표적행동의 유발 및 지속에 영향을 미치는 변인을 파악한다. 문제행동 직전에 있었던 사건과 직후에 뒤따른 사건을 과거의 맥락이 아니라 현재의 맥락에서 탐색한다. 아울러 전통적인 기능분석에서 강조하는 것과 달리, 변증법적 행동치료자는 정서적 변인에 각별한 주의를 기울인다. 또한 치료실 밖에서 벌어지는 문제행동뿐만 아니라 치료실 안에서 벌어지는 문제행동에도 주목한다. 이것이 변증법적 행동치료의 가장 독특한 특징이다. 치료실 안과 밖에서 벌어지는 문제행동에 대해 설명하고 나서, 각각의 사례를 제시하겠다.

변증법적 행동치료자는 행동분석 과정에서 구체적인 표적행동을 정의하고, 표적행동의 연쇄고리를 탐색하고, 표적행동이 담당하는 기능을 확인한다. 아울러 내담자가 반복하고 있는 패턴을 파악하고, 치료자가 수립한 가설을 검증한다. 치료자와 내담자는 구체적인 표적행동을 행동적으로 정의해야 한다. 즉, 내담자의 문제행동을 해석하거나 판단해서는 안 된다. 예컨대, '실직'이라는 표현은 현재의 상태를 묘사한 것에 불과하다. 내담자는 구직활동을 미루는 문제행동, 구직면접에서 불필요한 이야기를 하는 문제행동, 출근시간에 지각하는 문제행동, 상사에게 고함을 지르는 문제행동을 하고 있다. 실직 상태는 그런 문제행동의 결과일 뿐이다. 실직 상태에서 벗어나려면 문제행동을 수정해야 한다. 이와 마찬가지로 치료실 안에서 관찰되는 문제행동도 행동적으로 정의해야 한다. 예컨대, 내담자를 '조종하는' 혹은 '저항하는' 사람이라고 묘사하는 경우가 있는데, 변증법적 행동치료자는 그렇게 정의하지 않는다. 조종 혹은 저항이라는 표현은 문제행동의 의도나 기능을 언급하는 것일 뿐이며, 실제로 관찰된 구체적인 문제행동에 대해서는 전혀 정보를 제공하지 못한다. 아마 치료자는 내담자가 약속시간을 어긴 행동, 치료시간에 침묵한 행동, 치료가 진행되면서 자해행동이 증가된 현상을 조종 혹은 저항이라고 해석하고 판단했을 것이다. 구체적인 문제행동과 그 문제행동이 담당하는 기능을 혼동하면 행동분석을 정확하게 수행할 수 없다. 그것은 객관적인 평가가 아니고 주관적인 가설에 불과하다. 행동분석을 더 정확하게 해 보자. 내담자는 치료적인 변화를 소망하고 있다. 그러나 자신의 문제행동을 치료자와 논의할 때 강렬한 수치심을 느낀다. 그리고 수치심을 회피하려고 약속시간을 어긴다. 이것은 치료자를 조종하거나 치료에 저항하는 것이 아니다. 정확하지 못한 해석 혹은 판단이 행동분석에 끼어들면 내담자가 부정적인 감정을 경험할 가능성이 커진다. 그것은 누구나 마찬가지다.

　표적행동을 행동적으로 정의하고 나서 치료자와 내담자는 표적행동의 연쇄고리를 탐색한다. 표적행동의 선행사건과 후속결과를 살피면서 그 사이에 내담자가 경험한 모든 것과 행동한 모든 것을 세밀하게 분석하고, 표적행동의 발생과 지속에 영향을 미친 결정적인 변인을 파악한다. 그런데 세밀한 분석과 예리한 통찰보다 더 중요한 것이 있다. 변증법적 행동치료자는 표적행동의 연쇄고리를 탐색하는 것만으로는 충분한 변화를 이끌어 낼 수 없다는 사실을 유념해야 한다. 이것은 해결책을 모색하는 발판을 놓는 작업에 불과하다. 장시간 연쇄고리를 분석하고 단시간 해결책을 모색하는 것보다는 간략하게 연쇄고리를 분석하고 철저하게 해결책을 모색하는 것이 바람직하다.

수면제를 과도하게 복용한 내담자의 사례를 살펴보자. 그녀는 남편에게 저녁에 외출하지 말고 함께 시간을 보내자고 요청했다가 거절당했다. 부부싸움을 하고 남편이 집을 나갔다. 그녀는 남편의 반응이 부당하다고 판단했고 강렬한 분노를 경험했다. 갑자기 혼자 남겨져서 몹시 외로웠다. 그리고 남편이 돌아오지 않을 것이며 '혼자서는 아무것도 할 수 없어.'라고 생각했다. 이때, 5점 만점에 3점의 공포를 경험했다. 그녀는 '미쳐 버릴 것 같아. 여기서 벗어나고 싶어.'라고 생각했다. 공포 점수는 5점, 공황 점수는 3점에 육박했다. '어떻게 하지? 수면제를 먹어야겠다.'고 생각했다. 그러자 공포 점수는 3점, 공황 점수는 1점으로 줄어들었다. 곧바로 반통 분량의 수면제를 먹었다. 수면제를 삼키자 공포 점수는 1점, 공황 점수는 0점으로 줄어들었다. 의식이 혼미해졌다. 몇 시간 뒤, 남편이 그녀를 응급실로 데려왔다. 위세척을 하고 정신병동에 입원했다. 폐쇄병동에 입원하자 간호사가 그녀를 정성껏 돌봐 주었다. 면회를 신청한 남편이 용서를 구했다. 내담자는 자신의 자살행동을 수치스러워했다. 하지만 남편이 정신병동에 자주 방문해서 좋았다.

변증법적 행동치료자는 선행사건과 후속결과를 정밀하게 분석하면서 표적행동에 영향을 미친 결정적인 변인을 파악한다. 치료자는 중요하게 여겨지는 잠정적인 연쇄고리에 집중하면서 이전에 밝혀낸 패턴과 이번에 밝혀진 패턴을 비교한다. 더 나아가서 변증법적 행동치료자는 생물-심리-사회모형 및 행동주의 이론에 근거해서 인과관계에 대한 가설을 설정한다. 이때, 표적

행동에 가장 강력한 영향을 미친 변인을 지목하는 것은 쉬운 일
이 아니다. 변증법적 행동치료의 생물–심리–사회모형에 따르면,
분노감 혹은 공포감과 같은 정서적 변인이 유력한 후보다. 앞의
사례에서 내담자는 공포감에서 벗어나려고 자살행동을 했다. 내
담자가 공포감에 압도되지 않았다면 자살행동을 하지 않았을 것
이다. 이런 경우, 변증법적 행동치료자는 정서적 변인인 공포감
을 누그러뜨리는 데 도움이 되는 해결책을 모색한다. 또한 공포
감을 촉발시키고 악화시키는 생각, 즉 인지적 변인에도 개입한
다. 앞의 사례에서 간접적으로 자살행동에 영향을 미친 정서적
변인은 분노감이었다. 분노감은 내담자를 각성시켜서 이후의 사
건에 민감하고 강렬하게 반응하도록 이끌었다.

　행동주의 이론에 따르면, 변증법적 행동치료자는 표적행동이
담당하는 기능에 주목해야 한다. 앞의 사례에서 내담자는 강렬
한 공포와 공황에서 벗어나려고 의도적으로 수면제를 과용했다.
그리고 표적행동을 통해 나름의 목적을 달성했다. 경계선 성격
장애를 지니고 있는 내담자는 정서적인 위로와 안식을 얻으려
고 유사자살행동을 반복한다(Linehan, Comtois, Brown, Heard, &
Wagner, 2006a). 그런데 표적행동이 한 가지 기능만 담당하는 것
은 아니다. 표적행동은 내담자가 전혀 자각하지 못하는 기능을
담당하기도 한다. 앞의 사례에서 내담자는 폐쇄병동 간호사가
자신을 정성껏 돌봐 줄 것이라고 예상하지는 못했고, 남편이 찾
아와서 용서를 구할 것이라고 기대하지도 않았다. 그녀는 정말
로 죽으려고 시도했던 것이다. 그러나 내담자는 부부싸움을 하

고, 수면제를 과용하고, 남편과 화해하는 패턴을 반복하고 있었다. 그녀의 입장에서 남편과 시간을 보낼 수 있는 더 효과적인 방법은 데이트를 신청하는 것이 아니라 수면제를 과용하는 것이었다. 이와 같이 표적행동(예: 수면제 과용)은 자살행동을 지속시키는 이차적 기능도 담당한다. 후속결과(예: 남편의 관심)가 긍정적이었기 때문이다. 하지만 내담자는 그것을 전혀 자각하지 못했다. 따라서 변증법적 행동치료자는 표적행동의 일차적 기능뿐만 아니라 이차적 기능까지 철저하게 분석하고 해결책을 모색해야 한다.

변증법적 행동치료자는 행동분석에 지장을 초래하는 몇 가지 요인을 고려할 필요가 있다. 경계선 성격장애를 지니고 있는 내담자는 정서를 조절하지 못하기 때문에, 그리고 타당화해 주지 않는 환경에서 생활하기 때문에 표적행동의 연쇄고리를 파악하는 인지적 능력을 학습하지도 못하고 발휘하지도 못한다. 또한 경계선 성격장애와 우울장애를 함께 지니고 있는 경우, 내담자는 당면한 문제를 적절히 해결하지 못할 뿐만 아니라 표적행동 직전에 벌어진 선행사건을 자세하게 기억해서 보고하지도 못한다(Kremers, Spinhoven, & Van der Does, 2004). 몇몇 연구에 따르면, 경계선 성격장애를 지니고 있는 내담자는 종종 해리증상을 보인다(Jones et al., 1999). 만약 이런 요인 때문에 행동분석에 난항을 겪는다면, 그리고 치료실 밖에서 벌어진 문제행동이 치료실 안까지 이어진다면, 변증법적 행동치료자는 행동분석을 잠시 중단할 수 있다. 이런 경우 치료실 밖의 문제행동보다 치료실 안의 문제행동을 먼저 분석하는 것이 바람직하다.

폭식행동의 연쇄고리를 분석하는 도중에 해리상태에 빠진 내담자의 사례를 살펴보자. 치료자는 폭식행동 직전에 어떤 선행사건이 있었는지 질문했고, 구체적으로 어떤 음식을 얼마나 먹었는지 탐색했다. 이때, 내담자가 갑자기 해리증상을 보여서 더 이상 행동분석을 진행할 수 없었다. 치료자는 내담자가 해리상태에서 벗어나게 이끌었고, 이어서 해리증상 자체에 대한 행동분석을 실시했다. 내담자는 이렇게 보고했다. "선생님이 폭식행동에 대해 질문하자마자 제가 게걸스럽게 먹었던 음식을 떠올렸어요. 그리고 엄청나게 창피했어요. 얼굴이 화끈거렸어요." 그 순간, 그녀는 자신을 구역질나는 존재라고 생각했고 아무짝에도 쓸모없는 존재라고 판단했던 것이다. 수치심은 더 강렬해졌다. 치료자가 질문을 반복하자 그녀는 '이야기하면 안 돼. 선생님이 나를 미워할 거야.'라고 생각했고 극심한 두려움에 휩싸였다. 치료자가 폭식행동을 했다고 자신을 경멸할 것 같았고, 대답하지 않는다고 자신을 비난할 것 같았다. 그러자 강렬한 공포에 압도되면서 해리상태에 빠졌다. 강렬한 공포에 대한 반응으로 나타나는 해리증상은 고전적 조건형성의 원리로 설명할 수 있었다. 그런데 이 사례에서 내담자의 해리증상은 조작적 조건형성의 요소도 내포하고 있었다. 알아보니, 과거에 내담자를 돌봤던 치료자는 그녀가 해리증상을 보이면 더 이상 난처한 질문을 던지지 않고 다른 주제로 회피했던 것이다. 그녀의 입장에서, 해리증상은 불편한 상황을 회피하게 도와주는 나름대로 유익한 기능을 담당하고 있었던 것이다. 따라서 치료자는 고전적 조건형성의 요소와 조작적 조건형성의 요소를 모두 고려하면서 해결책을 모색했다. 또한 치료자와 내담자는 그녀가 극심한 수치심에 압도되는 패턴도 분석했다. 그녀는 타인이 자신을 부정적으로 평가할까 봐 두려워하고 있었고, 부정적인 평가가 예상될 때마다 극도의 수치심을 경험하고 있었다. 이런 행동분석에 근거해서, 치료자와 내담자는 공포의 문제뿐만 아니라 수치심의 문제까지 다루기로 합의했다.

19

해법분석

변증법적 행동치료자는 표적행동에 영향을 미치는 변인을 수정하기 위해 해법분석(solution analysis)을 실시한다. 변증법적 행동치료자는 해결책을 모색하고 적용하면서 전통적인 인지행동치료에서 개발된 다양한 치료전략을 유기적으로 구사한다. 특히 기술을 훈련하고, 노출을 시도하고, 수반성을 관리하며, 인지를 재구성하려고 노력한다. 여러 치료전략을 성공적으로 통합하려면 행동주의 이론에 입각해서 특정한 문제행동에 개입하는 특정한 치료전략을 고안해야 한다. 만약 내담자가 기술이 부족해서 문제를 해결하지 못한다면 기술훈련을 실시하는 것이 바람직하다. 만약 내담자가 기술은 보유하고 있지만 불편한 감정 때문에 그것을 적절히 발휘하지 못한다면, 감정을 충분히 처리하는 것이 바람직하다. 만약 내담자가 기술은 발휘하는데 처벌하는 환경 혹은 문제행동을 오히려 강화하는 환경에서 생활한다면, 수반성을 관리하는 것이 바람직하다. 만약 내담자가 역기능적인 생각 때문에 기술을 발휘하지 못한다면, 그 생각을 수정하는 것이 바람직하다. 이런 경우, 인지행동치료자는 인지적 재구성을 실시한다고 생각할 것이다. 그러나 변증법적 행동치료자는 기술을 훈련시킨다고 생각한다. 즉, 똑같은 해법에 부여하는 의미가 서로 다르다. 이와 유사하게 어떤 치료자는 수반성을 관리해서 치료효과가 나타났다고 생각하는 반면, 다른 치료자는 노출을 시도해서 치료효과가 나타났다고 생각할 수 있다. 변증법적 행동치료자는 이론적 측면을 강조한다. 하지만 더 중요한 것은 이론적 정합성이 아니라 치료적 효율성이다.

　변증법적 행동치료자는 해법분석을 실시하면서 수용과 변화의 변증법적 균형을 추구한다. 예컨대, 어떤 내담자가 약물에 중독되었다. 부모가 상당한 충격을 받았다. 내담자는 모든 것이 자신의 책임이라고 생각했다. 그녀는 극심한 죄책감을 느꼈고 죽어야 한다고 생각했다. 그러자 죄책감이 줄어들었다. 자살충동의 일차적 기능은 죄책감을 감소시키는 것이었다. 이런 경우, 내담자가 죄책감을 느낀 것은 타당한 반응이다. 내담자도 그렇게 생각했다. 치료자와 내담자가 함께 모색한 해결책은 죄책감을 감내하는 기술을 학습하는 것(예: 의미의 발견, 근본적 수용)과 부모의 상심을 치유하는 것이었다(예: 금주상태의 유지). 이와 동시에 치료자와 내담자는 '모든 것이 자신의 책임'이라는 역기능적 사고를 수정하려고 노력했다. 또한 '죽어야 한다'는 부적응적 사고에도 도전했다. 치료자는 내담자가 자살하면 부모가 더 큰 충격을 받을 것이라는 사실, 그리고 자살충동은 죄책감에서 벗어나기 위한 임시방편이라는 사실에 주목했다.

해결책 도출

　해법분석은 세 단계로 구성된다. 첫째, 해결책을 도출한다. 둘째, 해결책을 평가한다. 셋째, 해결책을 적용한다. 첫 번째 단계에서, 치료자와 내담자는 표적행동의 연쇄고리를 끊어내는 데 유익한 잠재적인 해결책을 최대한 많이 도출한다. 이때 특정한 치료전략에 의존하거나 특정한 해결책에 집착하지 않으면서 전통적인 인지행동치료에서 개발된 치료전략을 다양하게 구사해야 한다. 예컨대, 변증법적 행동치료의 초심자는 기술훈련을 지나치게 강조하는 경향이 있는데, 기술훈련은 치료자가 적용할 수 있는 치료전략의 일부일 뿐이다. 이와 비슷하게 많은 내담자가 고통감내기술에 과도하게 의존하는 경향이 있다. 그러면 여러 가지 기술을 학습하고 발휘하는 데 오히려 방해가 된다.

　경계선 성격장애를 지니고 있는 내담자는 해결책을 도출하는 것 자체를 어려워한다. 타당화해 주지 않는 열악한 환경에서 성장했기 때문에 해결책을 도출하는 방법을 전혀 배우지 못한 내담자도 많다. 어떤 내담자는 기본적인 기술은 보유하고 있지만 구체적인 행동으로 실천하지 못하고 있었다. 과거에 문제해결을 시도했다가 실패했고 처벌받고 조롱당했기 때문이다. 예컨대, 치료자가 내담자에게 고등교육을 받아서 삶의 질을 높이자고 권유했다. 그랬더니 교육수준이 낮은 내담자의 부모가 "주제를 파악해라. 네가 우리보다 나은 게 뭐냐?"라고 힐난했다.

Linehan(1993a)에 따르면, 경계선 성격장애를 지니고 있는 내담 자는 다른 사람이 문제를 대신 해결해 주기를 바라는 경향이 있 다. 어떤 사례에서, 음주행동을 반복하고 있는 내담자가 내놓은 유일한 해결책은 수동적으로 약물치료를 받는 것이었다. 어떤 내담자는 자신이 약속시간을 지킬 수 있는 방법은 치료자가 전 화해 주는 것뿐이라고 말하면서 치료자를 종용했다. 변증법적 행동치료의 관점으로 바라보면 이것도 치료방해행동이다.

해결책 평가

두 번째 단계에서, 치료자와 내담자는 다양한 해결책의 잠재 적 효용성을 평가해야 한다. 또한 해결책을 적용하지 못하게 방 해하는 잠재적 장애물도 탐색해야 한다. 자살을 시도하는 내담 자처럼 경계선 성격장애를 지니고 있는 내담자는 어떤 해결책 의 긍정적 측면보다 부정적 측면에 주목한다(Williams & Pollock, 2000). 편향적으로 정보를 처리하기 때문에 이런 문제가 불거지 기도 하지만, 내담자가 실질적인 기술을 가지고 있지 못해서 이 런 문제가 초래되기도 한다. 또한 내담자는 해결책을 적용하는 과정에서 강렬한 감정을 경험할까 봐 두려워하고, 주변 사람들 이 처벌할까 봐 혹은 적어도 강화하지 않을까 봐 무서워한다. 변 증법적 행동치료자는 전통적인 인지행동치료의 다양한 치료전 략을 구사해서 장애물을 제거하려고 노력한다. 예컨대, 두 명의 내담자에게 대인관계기술을 발휘하도록 권유했더니 두 사람 모 두 그 기술이 "쓸모가 없을 것이다."라고 말하면서 완강하게 거부했다. 치료자는 행동분석을 실시했다. 그 결과 두 명의 내담자가 서로 다른 이유로 치료자의 제안을 거부했다는 사실이 밝혀졌다. 첫 번째 내담자의 경우, 치료자는 타당화 기술이 쓸모가 없다고 생각하는 이유를 탐색하면서 어쨌든 치료실 안에서 연습해 보자고 제안했다. 내담자를 관찰한 결과, 그녀는 내용상으로는 남편의 반응에 공감하고 있었지만 태도상으로는 남편을 무시하고 있었다. 그래서 치료자는 내담자의 태도를 변화시키는 해결책을 구사했다. 두 번째 내담자의 경우, 그녀는 '그 사람은 아예 자격이 없어.'라고 생각하고 있었다. 남편의 반응을 타당화하라고 치료자가 권유했지만, 아예 그럴 만한 자격이 없다고 생각했기 때문에 타당화하기가 몹시 힘들었던 것이다. 그래서 치료자는 마음챙김훈련을 대안으로 제시했다. 남편을 판단하지 말고, 오직 타당화 기술의 효용성에 주목하게 한 것이다. 하지만 내담자는 치료자의 제안을 끝까지 거절했다. 행동분석을 더 진행한 결과, 그녀는 자신의 반응도 타당화하지 못하고 있었다. 치료자는 자신을 판단하지 말고, 오직 타당화 기술의 효용성에 주목하도록 유도했다. 마침내 내담자가 치료자의 제안을 받아들였다.

해결책 적용

세 번째 단계에서, 치료자와 내담자는 몇 가지 해결책을 선택하고 적용한다. 해결책은 치료실 안에서 먼저 적용해야 한다. 이 점이 매우 중요하다. 내담자가 치료실 안에서 해결책을 적용하지 못하면 치료실 밖에서도 해결책을 활용하지 못할 것이기 때문이다. 해결책에 새로운 기술 혹은 어려운 기술이 포함되어 있으면 치료실 안에서 반복적으로 연습해야 한다. 변증법적 행동치료자는 예행연습을 통해 내담자의 기술을 강화하고, 실패할 것이라는 예상에 도전하고, 해결책을 적용하지 못하게 방해하는 장애물을 제거한다. 만약 해결책에 인지행동치료의 치료기법이 포함되어 있다면 그것도 치료실 안에서 먼저 훈련해야 한다.

변증법적 행동치료자는 전통적인 인지행동치료의 구조화된 매뉴얼을 그대로 따르지는 않는다. 형식에 얽매이지 않고 적절하게 조합하는 것이 중요하다. 예컨대, 내담자가 거절당할까 봐 두려워서 치료자에게 도움을 요청하지 못한다면, 치료자는 먼저 노출을 시도할 것이다. 그러나 노출을 시도하기 전에 대인관계 기술을 가르치면 더 효과적일 것이고, 노출을 시도하는 중에 인지적 재구성을 병행하면 더 순조로울 것이다. 마침내 내담자는 치료자에게 정중한 부탁을 할 수 있고, 치료자는 내담자의 기술적인 행동을 강화할 수 있다.

사 례

18장에서 소개한 사례에서, 치료자와 내담자는 행동분석과 해법분석을 통해 유기적인 해결책을 도출해서 수면제 과다복용이라는 표적행동에 개입할 수 있었다. 여기서는 그 구체적인 내용을 시간의 흐름에 따라 재구성했다. 아울러 치료자와 내담자가 도출한 다양한 해결책을 요약했다. 이 작업은 여러 치료회기에 걸쳐서 이루어진 것임을 유의하기 바란다.

내담자가 남편에게 저녁에 외출하지 말고 함께 시간을 보내자고 요청했다가 거절당한 것이 최초의 촉발사건이다. 행동분석 결과, 남편의 거절행동(즉, 선행사건)과 그녀의 자살행동 사이에는 직접적인 인과관계가 없었으나, 그녀의 자살행동과 남편의 면회행동(즉, 후속결과) 사이에는 강화의 연쇄고리가 작동하고 있었다. 치료자는 대인관계기술을 해결책으로 제안했다. 대인관계기술을 효과적으로 발휘하면 남편이 아내의 요청을 받아들일 가능성이 높아질 것이고, 결과적으로 수반성을 변화시킬 수 있을 것이기 때문이다. 내담자는 부부싸움을 하고 밖으로 나가 버린 남편을 판단했고 분노했다. 비록 그녀의 판단행동과 분노감정이 연쇄고리의 핵심변인은 아니었지만, 치료자는 마음챙김기술과 정서조절기술을 해결책으로 제안하고 내담자를 훈련시켰다. 결국 그녀는 분노감정이 이끄는 대로 행동하지 않을 수 있었고, 저녁시간에 외출해서 친구들과 어울리고 싶어 하는 남편의 욕구를 타당한 것으로 간주할 수 있었다.

표적행동 연쇄고리에 자주 등장하는 외로움을 다루기 위해 치료자와 내담자는 다양한 해결책을 모색했다. 어떤 것은 단기적인 변화를 목표로 고안된 해결책이었고, 어떤 것은 장기적인 변화를 목표로 제안된 해결책이었다. 먼저 주의분산기술을 훈련했다. 주의분산기술을 발휘하자 내담자는 외로움을 강렬한 불안감으로 변질시키지 않을 수 있었다. 그러나 외로움이라는 감정을 대하는 내담자의 태도가 크게 달라지지는 않았다. 그래서 치료자는 외로움을 일종의 기회로 인식하도록 개입했다. 그리고 집에 혼자 있을 때는 남편이 별로 좋아하지 않는 일을 하라고 해결책을 제안했다. 그랬더니 외로움이 줄어들었다. 하지만 전혀 외롭지 않은 것은 아니었다. 치료자는 다시 마음챙김기술을 해결책으로 제안했다. 내담자는 자신이 세상과 연결되어 있다는 사실을 깨달았다. 이것이 외로움에 대처하는 가장 효과적인 해결책이었다. 치료자는 남편이 집으로 돌아오지 않을 것이라는 생각에 도전하면서 인지적 재구성을 시도했다. 내담자의 걱정이 줄어들었다. 그러나 '혼자서는 아무것도 할 수 없어'라는 생각을 변화시키기는 어려웠고, 이에 뒤따르는 공포도 줄어들지 않았다.

그녀는 강렬한 공포에서 벗어나려고 자살행동을 시도했었다. 자살행동의 일차적 동기인 공포를 다루기 위해, 치료자는 마음챙김기술과 정서조절기술을 해결책으로 제안했다. 수용전략과 변화전략의 변증법적 조합을 통해 공포가 감소되었고, 유사자살행동도 현저히 줄어들었다. 먼저 마음챙김기술을 훈련했다. 내담자는 자신의 가혹한 판단을 마음챙김의 태도로 관찰했고, 당면한 과제에 다시 주의를 기울였다. 이어서 공포가 유발하는 충동(예: 수면제 과다복용)을 마음챙김의 태도로 관찰했고, 자신이 가지고 있는 기술을 충분히 발휘하면서 충동이 이끄는 방향과 정반대로 행동할 계획(예: 수면제 버리기)을 수립했다. 치료자는 도움이 필요하면 언제든지 전화하라고 내담자를 격려했다. 치료자는 장기적인 해결책으로 외로움을 유발하는 단서에 내담자를 노출시켰고, 삶의 다른 영역에서 통제감을 회복하도록 훈련시켰다.

그러나 내담자는 다시 불안해졌다. 강렬한 공포와 공황이 찾아오자 추가로 기술을 학습하고 훈련해서 인지적 불안정을 다루어야 했다. Gottman과 Katz(1990)의 정서조절모형에 착안해서, 치료자는 강렬한 공포와 공황이 엄습하면 기본적인 기술과 주의분산기술에 더해서 추가적인 기술을 발휘하라고 해결책을 제안했다. 예컨대, 기억문제를 해결하기 위해 생활일지를 읽으라고 요청했다. 그녀는 치료실 안에서는 유사자살행동이 초래하는 부정적인 결과를 쉽게 떠올렸다. 부정적인 결과를 떠올리면 유사자살행동을 억제하는 데 도움이 된다. 그러나 공황이 엄습하면 그것을 하나도 떠올리지 못했다. 이런 기억문제를 해결하기 위해 내담자는 수면제통에 유사자살행동의 부정적인 결과 목록을 붙여 놓았다.

치료자는 유사자살행동과 후속결과 사이의 연쇄고리를 끊으려고 수반성을 관리했다. 수면제를 과용하면 공포가 감소된다. 아무리 유능한 변증법적 행동치료자도 이것 자체를 변화시킬 수는 없다. 그러나 이차적 강화를 소거시킬 수는 있다. 남편과 아내를 함께 상담하면서, 치료자는 남편이 아내에게 제공하는 수반성을 변화시킬 계획을 수립했다. 치료자는 남편에게 아내가 대인관계기술을 효과적으로 발휘하면 더 주목해서 반응하고, 아내가 유사자살행동을 하면 덜 주목해서 반응하라고 제안했다.

20

기술훈련

정서적 취약성과 환경적 열악성의 상호작용으로 발생하는 경계선 성격장애를 지니고 있는 내담자는 적절한 기술을 학습하고 발휘하지 못하는 만성적인 기술결핍 상태에서 살아간다. 그래서 변증법적 행동치료는 기술훈련을 강조한다. 기술훈련의 목표는 기술을 획득하고 강화하고 일반화하는 것이다. 기술훈련집단은 기술의 획득 및 강화에 중점을 두고, 개인심리치료는 기술의 강화 및 일반화에 방점을 찍는다. 개인심리치료를 맡은 치료자는 새로운 혹은 미숙한 기술을 발휘할 기회를 탐색하고, 치료실 안에서 내담자와 함께 기술을 연습하고, 치료실 밖에서 내담자가 기술을 발휘하도록 격려한다. 이 과정에서 기술이 강화되고 일반화된다. 치료실 안에서 획득하고 강화시킨 기술을 치료실 밖에서 활용하게 이끄는 것이 일반화의 목표다.

경계선 성격장애를 지니고 있는 내담자는 수용 기술과 변화 기술을 모두 획득해야 한다(Linehan, 1993b). 변증법적 행동치료자는 내담자에게 네 가지 기술을 훈련시킨다. 수용기술로 마음챙김기술과 고통감내기술을 훈련시키고, 변화기술로 대인관계기술과 정서조절기술을 훈련시킨다. 모든 기술을 효과적으로 발휘하려면 먼저 마음챙김기술을 연마해야 한다. 따라서 모든 기술훈련에는 마음챙김의 요소가 포함된다. 예컨대, 마음챙김기술을 발휘해서 감정의 흐름을 포착하면 정서조절기술을 발휘하기가 쉬워진다.

대인관계기술 훈련과 정서조절기술 훈련은 전통적인 인지행동치료의 영향을 강하게 받았다. 대인관계기술 훈련에는 자기주장 훈련과 사회기술 훈련이 포함된다. 정서조절기술 훈련에는 인지적 재구성이 포함된다. 정서를 수정하고 경감하는 능력이 필요하기 때문이다. 대인관계기술과 정서조절기술을 훈련할 때, 내담자는 특정한 정서가 이끄는 방향과 정반대로 행동해야 한다. 불안해서 회피하면 불안이 감소되지 않고 오히려 증폭된다. 정서장애가 발생하고 유지되는 까닭은 특정한 정서가 유발하는 특정한 행동을 반복하기 때문이다. 이것을 행동경향성이라고 부른다. 정서를 조절하려면 행동경향성의 정반대 방향으로 행동해야 한다. 불안감과 분노감을 다루는 인지행동치료는 모두 이것을 강조한다. 변증법적 행동치료는 수치심, 죄책감, 우울감과 같은 정서를 다룰 때도 같은 방법을 사용한다.

고통감내기술 훈련은 전통적인 위기개입과 선불교의 수행을 통합한 것이다. 고통감내기술 훈련의 핵심은 근본적 수용이다. 고통을 감내하는 것은 고통을 수용하는 것이다. 현재의 경험을 적극적으로 환영하는 것, 현재 순간에 적극적으로 참여하는 것이 근본적 수용이다. 감내할 수 없는 괴로움이 찾아오는 까닭은 감내할 수 있는 고통을 회피하기 때문이다. 따라서 '반드시 ~해야 한다.' 혹은 '반드시 ~하지 말아야 한다.'는 경직된 생각을 내려놓고, 현재의 경험을 있는 그대로 받아들이는 것이 지혜롭다. 예컨대, 부모에 대한 불만을 토로하는 청소년이 있었다. 소녀는 부모가 주말에 친구들과 외출하지 못하게 제한해서 분노했다. 소녀는 "벌써 몇 주간 자해행동을 안 했어요. 그러니까 부모님도 더 이상 걱정하지 말아야 해요."라고 주장하면서 부모를 비난했다. 자유를 원했던 것이다. 치료자는 근본적으로 수용하도록 훈련시켰다. 현재의 상황을 고려할 때, 그녀는 몇 가지 사실을 근본적으로 수용해야 했다. 첫째, 부모는 아직 불안하다. 둘째, 과거에 자해행동을 했으므로 부모가 걱정하는 것은 당연하다. 특히 친구들과 싸우고 다시 자해행동을 할까 봐 염려한다. 셋째, 앞으로 자해행동을 하지 않으면 부모가 안심할 것이다. 비록 근본적으로 수용하는 것이 쉽지는 않았지만 내담자는 분노를 조절할 수 있었고 외출하지 못한 괴로움을 감내할 수 있었다.

변증법적 행동치료의 초창기에, 인지행동치료와 변증법적 행동치료의 결정적인 차이점은 선불교의 영향을 받은 마음챙김기술 훈련의 실시 여부였다. 비슷한 시기에 Kabat-Zinn(1991)이 스트레스를 치료하는 프로그램에 마음챙김기술 훈련을 도입했다. 이때부터 마음챙김기술 훈련에 주목하는 심리치료가 늘어났고, 지금은 여러 심리치료의 핵심요소로 자리잡았다(Hayes, Follette,

& Linehan, 2004).

마음챙김은 알아차림이다. 지금 이 순간의 경험에 의도적으로 주의를 기울여야 그것을 알아차릴 수 있다. 변증법적 행동치료 자는 일곱 가지 마음챙김기술을 내담자에게 가르친다. 첫째, 이성과 정서가 통합된 '지혜로운 마음' 상태를 유도한다. 변별적 지식과 직관적 지혜가 합쳐진 것이 지혜로운 마음이다. 지혜로운 마음 상태에 이르려면 나머지 마음챙김기술을 연마해야 한다. '행위(what)'를 강조하는 세 가지 기술과 '방법(how)'에 주목하는 세 가지 기술이 있다. 행위기술은 지금 이 순간의 경험을 관찰하고(observing), 묘사하고(describing), 머무르는(participating) 것을 의미한다. 방법기술은 판단하지 않고, 한 가지 과제에 주목하면서, 효율적으로 행위기술을 발휘하는 것을 의미한다.

마음챙김에 기반한(mindfulness-based) 치료모형과 마음챙김을 적용한(mindfulness-informed) 치료모형이 있다. 마음챙김기술 훈련에 투여하는 시간과 강조하는 관점의 차이다. 비교적 짧게 마음챙김기술을 가르치는 변증법적 행동치료는 후자에 해당한다. 예컨대, 마음챙김에 기반한 스트레스 감소 훈련(Minfulness-Based Stress Reduction: MBSR)과 마음챙김에 기반한 인지치료(Mindfulness-Based Cognitive Therapy: MBCT)에서는 45분간 바디스캔(body scan)을 실시하는 반면, 변증법적 행동치료에서는 3분간 청각 자극에 집중하는 훈련을 한다. 또한 MBSR과 MBCT 에서는 마음챙김을 기술이라고 간주하지 않는다. 자칫하면 마음챙김 상태보다 마음챙김 행위에만 집중하는 오류를 범할 수 있기 때문이다(Williams & Swales, 2004). 그러나 변증법적 행동치료 자는 마음챙김기술을 획득하고 강화하고 일반화하도록 내담자 를 훈련시킨다. 그렇게 함으로써 과거와 사뭇 다른 존재 양식인 마음챙김 상태를 유도할 수 있기 때문이다.

Linehan은 관찰하기와 묘사하기를 별개의 마음챙김기술로 구 분했다. 경계선 성격장애를 지니고 있는 내담자는 현재의 경험 을 온전히 관찰하지 못하기 때문이다. 이에 비해 선불교는 현재 의 경험을 굳이 언어로 묘사할 필요가 없다고 권면한다. 오직 경 험의 내용을 알아차리라고 주문하는 마음챙김에 기반을 둔 치료 모형 역시 마찬가지다. 그런데 마음챙김기술을 수련하는 수행 자 혹은 내담자는 자신이 관찰한 것을 지도자 혹은 치료자와 언 어로 논의한다. 이렇게 경험의 내용을 언어로 묘사하는 것도 마 음챙김 상태를 유도하는 하나의 방법이다. 다만, 관찰한 것과 묘 사한 것이 항상 동일하지는 않다는 사실에 유의해야 한다. 경험 을 언어로 묘사하는 과정에서 그것을 왜곡할 우려가 있기 때문 이다. 우리는 경험을 있는 그대로 묘사하지 못하고 흔히 자신의 해석 혹은 가정을 덧붙인다. 그래서 변증법적 행동치료자는 직 접적으로 관찰한 것을 왜곡하지 않고 객관적으로 묘사하는 것이 중요하다고 조언한다.

현재의 경험을 탐색하라고 요구하는 MBSR 및 MBCT와 비교 할 때, 변증법적 행동치료는 특히 현재의 경험에 머물라고 요청 한다. 치료자와 내담자는 관찰하고 묘사하는 작업을 중단하고 지금 이 순간에 적극적으로 머무르는 마음챙김기술 훈련을 반복한다. 현재의 경험에 온전하게 머무르면 행위와 존재가 합일된다. 선불교에서 가르치는 본질이 그렇듯이 변증법적 행동치료의 목표는 모든 경험을 판단하지 않고 근본적으로 수용하는 것이고, 모든 경험을 회피하지 않고 적극적으로 체험하는 것이며, 자신의 인생을 효율적으로 살아가는 것이다.

행위기술은 방법기술과 함께 연마해야 한다. 방법기술은 행위기술을 발휘하는 태도를 뜻한다. 첫째, 마음챙김은 가치의 판단을 내려놓는 작업이다. 예컨대, 내담자는 좋고 나쁨의 판단, 옳고 그름의 판단, 당위와 의무의 판단을 중단해야 한다. 판단은 객관적인 현실에 주관적인 개념을 덧붙이는 것이다. 관찰하는 사람과 달리, 판단하는 사람은 현실이 아니라 개념에 반응한다. 이것이 우리가 강렬한 부정적 정서를 경험하는 까닭이다. 내담자도 그렇고 치료자도 그렇다. 내담자와 치료자는 가치의 판단을 배제한 채 생각하고 행동해야 한다. 그렇게 함으로써 객관적인 현실에 반응할 수 있고, 쓸데없는 감정의 속박에서 벗어날 수 있다. 둘째, 마음챙김은 한 번에 한 가지 과제에 집중하는 작업이다. 내담자는 과거에 대한 반추 및 미래에 대한 걱정을 내려놓고 오직 현재의 순간에 주의를 집중해야 한다. 그렇게 함으로써 무궁무진한 경험이 끊임없이 펼쳐지고 있다는 사실을 자각할 수 있고, 그동안 빈번하게 발생했지만 미처 파악하지는 못했던 경험까지 세밀하게 알아차릴 수 있다. 셋째, 마음챙김은 효율성에 주목하는 작업이다. 치료자와 내담자는 주어진 상황을 판단하지 않으면서 그 상황에서 가장 효율적인 반응을 선택하려고 노력한다.

기술훈련집단을 맡은 치료자는 내담자에게 기본적인 마음챙김기술을 가르친다. 개인심리치료를 맡은 치료자는 내담자가 마음챙김기술을 발휘할 수 있도록 능력과 동기를 강화한다. 예컨대, 내담자가 지난 주에 면도칼로 손목을 그었다고 이야기하면서 자신을 가혹하게 비난했다. 치료자는 그녀가 판단하고 있다는 사실을 부드럽게 지적했다. 그리고 가혹한 판단에 사로잡히지 말고 마음챙김기술을 발휘해서 그것을 관찰하라고 요청했다. 내담자는 판단하는 자신을 다시 판단했다. 치료자는 마음챙김기술을 발휘해서 주관적으로 판단하는 목소리를 객관적으로 묘사하는 목소리로 대체하도록 유도했다. 마음챙김기술을 발휘하자, 그녀는 다시 치료과정에 참여할 수 있었다.

행동분석을 통해서 밝혀진 문제행동의 연쇄고리를 끊으려면 다양한 기술을 적절하게 활용해야 한다. 예컨대, 어떤 내담자가 집안일을 떠넘기는 여동생과 크게 싸웠다. 강렬한 분노를 경험했고 여동생에게 욕설을 퍼부었다. 그러자 끔찍한 수치심이 찾아왔다. 이성을 잃어버린 자신을 가혹하게 판단했기 때문이다. 자기 방으로 들어가서 신경안정제를 복용했다. 일시적으로 수치심이 누그러지자 여동생과 어색하게 화해했다. 치료자는 집안일을 분담하는 문제를 논의할 때 대인관계기술을 발휘하라고 내담자를 격려했다. 예컨대, Linehan(1993b)이 개발한 'DEAR MAN' 기술과 'GIVE' 기술을 효율적으로 사용하라고 요청했다. 정서조절기술을 발휘해서 행동경향성과 정반대로 행동하는 것도 감당하기 어려운 정서를 조절하는 데 도움이 된다. 분노감은 여동생에게 욕설을 퍼붓는 행동을 유발했고, 수치심은 자기 방으로 숨어드는 행동을 유발했다. 이때 그녀가 경험한 수치심은 부분적으로 타당한 정서 반응이다. 여동생에게 욕설을 퍼부은 것은 잘못된 행동이기 때문이다. 그래서 치료자는 여동생에게 사과하라고 권유했고, 내담자는 치료실 안에서 미리 연습했다. 이것이 행동경향성과 정반대로 행동하는 것이다. 또한 이성을 잃어버린 자신을 가혹하게 판단했기 때문에 끔찍한 수치심을 경험했던 것이므로, 치료자는 부정적인 판단을 마음챙김으로 관찰하게 유도했다. 마지막으로, 고통감내기술을 적용했다. 치료자는 내담자에게 신경안정제를 복용한 행동의 장점과 단점을 질문했다. 그것이 과연 정서적인 고통과 대인관계 갈등을 해결하는 데 쓸모가 있었는지 살펴보게 한 것이다. 변증법적 행동치료의 초기에는 한 번에 한 가지 혹은 두 가지 기술만 적용할 수 있을 것이다. 시간이 부족하기 때문이다. 그러나 내담자가 익숙해지기 시작하면 더 다양한 기술을 적용해서 해결책을 모색할 수 있게 된다.

21

노출기법

경계선 성격장애를 지니고 있는 내담자는 문제행동을 반복한
다. 문제행동은 내담자가 처한 객관적인 상황 때문에 촉발되기
도 하고, 타당하지 못한 감정 때문에 유발되기도 한다. 만약 타
낭하지 못한 감정이 문제행동을 유발한다면 변증법적 행동치료
자는 그 감정에 내담자를 노출시킨다. 주로 불안과 공포에 초점
을 맞추는 전통적인 노출치료와 달리, 변증법적 행동치료는 문
제행동의 원인으로 간주되는 모든 감정(예: 수치심, 분노감, 우울
감, 흥분감)에 내담자를 노출시킨다. 예컨대, 어떤 내담자는 남편
이 자신의 외모에 대해 이야기할 때마다 강렬한 수치심을 느꼈
다. 내담자는 수치심을 떨쳐 내려고 음식섭취를 거부했고 구토
행동을 반복했다. 치료자는 다양한 해결책을 제안했다. 내담자
는 부정적인 판단을 관찰했고, 치료자는 부정적인 생각에 도전
했다. 그리고 대인관계기술을 발휘해서 남편의 문제행동을 변화
시키라고 주문했다. 그러나 수치심이 너무 강렬했기 때문에 별

로 효과가 없었다. 치료자는 노출기법을 사용했다. 내담자가 회
피하고 싶어 하는 외모에 관한 이야기를 일부러 반복하면서 둔
감화를 유도한 것이다. 수치심이 누그러졌고 섭식문제도 줄어들
었다. 뜻밖의 소득도 있었다. 수치심이 누그러지자 내담자는 다
른 기술까지 더 잘 발휘할 수 있었다.

　Rizvi와 Linehan(2005)은 불안감과 공포감 이외의 감정에 노출
기법을 적용하는 것이 효과적인지 알아보는 예비연구를 진행했
다. 그들은 경계선 성격장애 진단을 받은 5명의 여성에게 8~10주
간의 노출치료를 실시했다. 모든 내담자가 수치심 때문에 유사
자살행동을 반복하고 있었다. 노출치료 이전과 이후의 수치심
점수를 비교한 결과, 5명의 내담자 모두 수치심 점수가 현저하
게 감소했다. 비록 대규모의 통제연구는 아니지만, 예비연구 결
과는 적어도 수치심에 노출시키는 것은 효과적이라는 사실을 보
여 준다.

　전통적인 노출치료와 달리, 변증법적 행동치료자는 치료실 안
에서 발생하는 문제행동을 다룰 때도 노출기법을 자주 사용한
다. 예컨대, 어떤 내담자는 치료자가 자신을 칭찬할 때마다 극심
한 공포감을 느꼈다. 과거에 치료목표를 달성하지 못하고 심리
치료를 종결했던 경험이 있어서, 치료자가 자신을 칭찬하면 조
만간 심리치료가 종결될 것이라고 예상했던 것이다. 새로운 치
료자가 치료적 성과를 강조하면서 내담자를 칭찬했더니, 그녀
는 과거와 똑같은 극심한 공포감을 느끼면서 아직 여러 가지 문
제가 남아 있으므로 절대로 심리치료를 종결할 수 없다고 호소

했다. 그러나 앞에서 소개한 변증법적 행동치료의 독특한 수반
성 전략을 고려할 때, 내담자가 경험한 공포감은 타당하지 못한
감정이었다. 치료자는 노출기법을 적용해서 이 문제를 다루었
다. 다른 예로, 약물을 남용하고 있는 내담자가 생활일지를 기록
하라는 치료자의 제안을 거절했다. 치료자는 행동분석을 실시했
다. 내담자는 생활일지를 기록하고 싶었다. 그러나 약물을 남용
하고 있는 자신을 돌이켜볼 때마다 엄청난 우울감을 경험했다.
그래서 치료자의 제안을 거절했던 것이다. 내담자가 경험한 우
울감은 부분적으로 타당한 감정이었다. 여전히 약물을 남용하고
있었기 때문이다. 그러나 엄청난 우울감은 심리치료에 지장을
초래하는 타당하지 못한 감정이었다. 우울감 및 치료방해행동을
감소시키기 위해, 치료자는 내담자가 생활일지를 작성할 때까지
꾸준히 질문하고 요구했다. 우울감에 노출시키자 우울감이 줄어
들었다.

　반드시 노출해야 하는 특정한 감정 혹은 특수한 맥락이 별도
로 존재하는 것은 아니다. 변증법적 행동치료자도 표준적인 노
출기법을 구사한다(예: Barlow, 1988; Foa & Rothbaum, 1998). 치
료자는 강렬한 감정을 촉발시키는 단서자극 혹은 조건자극을 제
시해야 하고, 내담자는 강렬한 감정이 증폭되는 과정과 감소되
는 과정을 체험해야 한다. 감정은 행동을 유발한다. 따라서 치료
자는 내담자가 타당하지 못한 감정이 유발하는 역기능적 행동을
하지 못하게 개입해야 한다. 역기능적 행동은 외현적 행동일 수
도 있고 내현적 행동일 수도 있다. 내담자는 모든 역기능적 행동

을 중단해야 한다. 예컨대, 분노감이 유발하는 공격행동을 중단하고, 공포감이 유발하는 회피행동을 중단하고, 수치심이 유발하는 은닉행동을 중단해야 한다. 단순히 감정에 노출시키는 것이 아니라 행동경향성과 정반대로 행동하게 이끄는 것이 중요하다.

어떤 내담자는 치료자가 휴가를 떠난다고 이야기하자 극심한 우울감을 경험했다. 우울감은 '모든 사람이 나를 떠나는구나. 아무도 나를 돌보지 않는구나.'라는 생각을 유발했고, 왈칵 눈물이 쏟아졌다. 휴가기간이 임박하자 치료자에게 전화하는 빈도가 현저하게 증가했고, 때로는 자살하겠다고 치료자를 위협했다. 이런 문제를 해결하기 위해 치료자는 노출기법을 적용했다. 조만간 휴가를 떠난다는 이야기를 반복했고, 휴가기간에 내담자가 무엇을 할 것인지 질문했다. 또한 치료자는 우울감이 유발하는 행동경향성을 극복할 수 있다고 내담자를 격려했고, 내담자가 행동경향성에 압도된 채 행동하면 그것을 차단했다. 특히 치료자는 내담자의 문제행동을 강화하지 않으려고 주의를 기울였다. 예컨대, 내담자가 눈물을 보여도 위로하거나 안심시키지 않았고, 내담자가 자살하겠다고 위협해도 휴가계획을 수정하지 않았다. 아울러 치료자는 내담자가 마음챙김기술을 발휘하게 이끌었다. 예컨대, 모든 사람이 자기를 떠난다는 생각을 반추하면서 우울감을 증폭시키지 않도록 유도했고, 그저 자신의 생각을 마음챙김으로 관찰하라고 안내했다. 거미공포증을 지니고 있는 사람이 거미를 생각하면 걷잡을 수 없이 압도되는 것처럼, 반추행동은 고통을 감소시키는 것이 아니라 오히려 증폭시키기 때문이다.

  인간은 감정에 대한 감정(emotion about emotion)을 경험한다. 이것 때문에 분석과정과 치료과정이 복잡해진다. 어떤 내담자는 주어진 상황을 고려할 때 분노하는 것이 타당함에도 불구하고, 분노감을 경험할 때마다 불안감 혹은 죄책감을 함께 경험한다. 어떤 내담자는 황홀감을 경험할 때마다 불안감 혹은 죄책감을 함께 경험한다. 어떤 내담자는 공포감을 경험할 때마다 수치심을 함께 경험한다. 가족이 공포감은 나약한 감정이라고 가르쳤기 때문이다. 어떤 내담자는 치료자가 건설적인 조언을 할 때마다 수치심과 함께 분노감을 경험한다. 타인에게 조언을 받는 것은 수치스러운 일이라고 잘못 생각하기 때문이다. 이 경우, 수치심이 원인이고 분노감은 결과다.

  변증법적 행동치료자는 일차적 감정과 이차적 감정을 구분한다. 일차적 감정은 어떤 상황에서 최초로 경험한 타당한 감정이다. 이차적 감정은 일차적 감정에 의해 유발된 타당하지 못한 감정이다. 변증법적 행동치료자는 이차적 감정에도 내담자를 노출시킨다. 노출기법을 효과적으로 적용하려면, 감정의 연쇄고리를 탐색해서 어떤 감정이 타당한 감정이고 어떤 감정이 타당하지 못한 감정인지 변별해야 한다. 즉, 변증법적 행동치료자는 단서자극인 일차적 감정, 일차적 감정에 의해 유발된 이차적 감정, 이차적 감정에 의해 유발된 외현적 및 내현적 행동을 구분해야 한다. 사례를 통해 살펴보자. 어떤 내담자가 분노감에 대한 반응으로 공포감을 경험했다. 그는 두 가지 감정에서 벗어나려고 약물을 복용했다. 그는 분노감을 조절하는 기술이 부족했다. 그래서 분노감을 경험하면 폭력을 휘둘렀다. 이런 측면에서, 내담자가 이차적으로 경험한 공포감은 부분적으로 타당한 감정이다. 치료자는 약물복용을 중단시키려고 공포감보다 분노감에 먼저 주목했다. 내담자는 정서조절기술을 훈련하면서 폭력행동과 약물복용을 중단했다. 그러나 안타깝게도, 내담자는 여전히 분노감에 대한 반응으로 공포감을 경험했다. 분노감이 타당함에도 불구하고, 분노감이 경미함에도 불구하고 그러했다. 내담자는 실재하는 혹은 잠재하는 대인관계 갈등을 적극적으로 회피했다. 회피행동은 공포감이 유발하는 행동경향성이자 분노감을 체험하지 않게 도와주는 기능을 담당했다. 내담자는 치료자에게도 분노감을 느꼈다. 그러나 타당한 분노감을 자연스럽게 표현하지 못했고, 치료시간이 남았는데도 서둘러 종료하는 회피행동을 선택했다. 이윽고 치료자는 내담자를 공포감에 노출시키기로 결정했다. 이 경우, 단서자극인 일차적 감정은 분노감이었다. 구체적인 단서자극은 근육의 긴장, 신체적 감각, 판단적 사고였다. 이차적 감정은 공포감이었다. 공포감이 유발하는 구체적인 문제행동은 서둘러 종료하는 행동, 부정적인 판단을 부인하는 행동, 실망감을 표출하지 않는 행동, 갈등이 생길까 봐 걱정하는 행동이었다. 치료자는 상상노출부터 시작했다. 내담자에게 지난번에 황급하게 상담실을 떠났던 장면을 떠올리라고 주문했다. 그리고 그때 경험했던 분노감과 연합되어 있는 신체감각에 주의를 기울이라고 요청했다. 신체감각을 증폭시키거나 감소시키려고 애쓰지 말고, 그저 마음챙김으로 관찰하라고 조언했다. 공포감이 절정에 달했다가 서서히 감소될 때까지 반복해서 노출했다. 또한 치료자는 내담자가 부정적인 판단을 마음챙김으로 수용하도록 이끌었다. 내담자는 부정적인 판단이 밀려왔다 사라지는 과정을 체험했고, 치료자에게 실망했던 부분을 적절하게 표현했다. 이어서 치료자는 실제노출까지 시도했다. 치료시간에 내담자가 분노감과 공포감을 느낄 때마다 그것을 다루었다.

22

수반성 관리

　순기능적 행동을 처벌하는 환경, 순기능적 행동을 강화하지 않는 환경, 역기능적 행동을 오히려 강화하는 환경에서 성장했고 생활하는 내담자가 많다. 그래서 변증법적 행동치료자는 수반성에 주목한다. 수반성을 관리하는 방법은 여러 가지다. 첫째, 내담자가 순기능적으로 행동하면 내부적인 강화가 유발된다. 예컨대, 정서조절기술을 활용하면 정서적 고통이 감소되고, 마음챙김기술을 발휘하면 편집적 사고가 줄어든다. 둘째, 내담자가 순기능적으로 행동하면 외부적인 강화가 유발된다. 예컨대, 대인관계기술을 활용하면 배우자의 부적절한 성관계 요구를 거절할 수 있고, 고통감내기술을 발휘하면 가족의 신뢰를 회복할 수 있다. 셋째, 내담자가 순기능적으로 행동하면 치료자가 강화를 제공한다. 예컨대, 문제해결기술을 적절하게 발휘하면 치료시간을 연장한다. 넷째, 치료자는 소거 절차를 통해서 문제행동을 감소시킨다. 예컨대, 치료자는 내담자가 외로움을 견디지 못해서 자해행동을 하더라도 손목에 붕대를 감아 주지 말라고 남편에게 조언한다. 다섯째, 치료자는 처벌 절차를 신중하게 사용하기도 한다. 예컨대, 내담자가 치료과정에 협력하지 않으면 치료시간을 단축한다.

　변증법적 행동치료는 전통적인 수반성 관리 전략과 사뭇 다르다. 변증법적 행동치료자는 내담자의 행동을 조성하는 과정에서 자신의 반응에 주의를 기울이고 그것을 치료적으로 활용한다. 거의 모든 인간관계에서, 우리는 상대의 반응에 영향을 미치는 동시에 상대의 반응에 영향을 받는다. 이런 교환적 상호작용은 의도적으로 일어나기도 하고 의도하지 못한 채 벌어지기도 한다. 그런데 안타깝게도 수반성은 종종 나쁜 쪽으로 변화된다. 예컨대, 내담자가 자살사고를 호소하면 치료자는 그것을 강화한다. 치료시간을 연장하거나, 공감과 위로를 제공하거나, 부담스러운 과제를 제시하지 않는 것이다. 치료자가 이렇게 반응하면 내담자의 자살사고가 단기적으로 줄어들지 모르지만, 장기적으로는 내담자의 문제행동을 무심코 강화하는 결과를 초래한다. 이것은 반치료적 행동이다. 변증법적 행동치료자는 자신의 반응이 내담자에게 미치는 영향을 예리하게 파악해야 하고, 과연 무엇이 치료적 행동인지 전략적으로 사고해야 한다. 정반대로 내담자가 자살행동을 중단하고 입원행동을 억제하면 치료자가 치료시간을 단축한다. 이런 경우 내담자는 치료자의 반응을 처벌로 받아들일 우려가 있다. 따라서 변증법적 행동치료자는 상식과는 전혀 다른 수반성 관리 전략을 구사한다. 예컨대, 내담자가 역기능적 행동을 중단하고 순기능적 행동을 시도하는 경우만 치료시간을 연장하고 치료계획을 변경한다.

내담자는 치료실 안에서도 문제행동을 보인다. 이것은 절호의 기회다. 치료자의 반응을 통해 내담자의 행동을 조성할 수 있기 때문이다. 변증법적 행동치료자는 내담자가 바람직한 행동과 협력적인 행동을 할 때 강화를 제공한다. 예컨대, 내담자가 치료절차에 순응하고, 판단적인 사고를 스스로 포착하고, 자발적으로 해결책을 도출하고, 적극적으로 기술을 훈련하면 그것을 강화한다. 내담자의 반응을 더 자주 타당화하고, 내담자에 대한 관심과 염려를 더 자주 표현하고, 내담자의 행동을 통제하지 않고, 내담자가 원하는 대로 치료시간을 연장하거나 단축하는 것이다. 그러나 변증법적 행동치료자는 내담자가 역기능적 행동과 치료방해행동을 할 때 처벌을 제공한다. 혹은 더 이상 강화를 제공하지 않는 방식으로 문제행동을 소거한다. 예컨대, 내담자는 구체적인 행동분석을 회피하고 싶을 때 "잘 모르겠어요." 혹은 "기억이 나지 않아요."라는 불성실한 대답을 반복한다. 그렇게 함으로써 치료자의 질문을 회피할 수 있고 분석을 중단시킬 수 있다는 사실을 다른 맥락에서 학습했기 때문이다. 이런 경우, 변증법적 행동치료자는 내담자가 문제행동을 중단할 때까지 계속해서 질문하고 반복해서 분석한다. 다른 예를 들면, 내담자가 치료자에게 인정받고 주목받고 싶어 하는 경우가 있다. 변증법적 행동치료자는 내담자가 치료방해행동을 하면 인정하지도 않고 주목하지도 않는다. 그러나 내담자가 치료방해행동을 중단하고 협력적인 행동을 시작하면 다시 내담자를 인정하고 주목한다. 변증법적 행동치료자는 내담자의 모든 행동을 인정하고 주목하는 것이 아니다. 치료실 밖의 일반적인 인간관계처럼 치료자의 반응은 내담자의 행동에 수반해서 끊임없이 변화된다. 다른 예로, 어떤 내담자는 치료자가 마음챙김기술 훈련을 실시할 때마다 특이한 반응을 보였다. 처음에 한번은 마음챙김으로 생각을 관찰하고 보고했지만, 곧이어 전혀 마음챙김기술을 발휘하지 않았다. 치료자는 내담자가 일부러 그렇게 행동한다고 생각했다. 기술이 부족해서 못하는 것이 아니라 동기가 빈약해서 못하는 것이었다. 치료자는 이런 반응패턴을 환기시키고 직면시켰지만 내담자는 크게 달라지지 않았다. 소거 절차마저 별로 효과가 없었다. 그래서 치료자는 마음챙김기술 훈련의 빈도와 강도를 오히려 증가시켰다. 치료시간에 두세 번 정도 이런 절차를 도입하자 내담자의 문제행동이 감소되었다. 내담자는 최선을 다해 마음챙김 상태를 유지하려고 노력했다.

수반성 관리 전략을 동원하여 내담자의 문제행동을 감소시키려면 모든 행동과 모든 맥락에 동일하게 적용되는 몇 가지 치료원칙을 준수해야 한다. 가장 중요한 치료원칙으로, 변증법적 행동치료자는 표적행동에 수반되는 강화 및 표적행동이 담당하는 기능을 면밀하게 평가해야 한다. 무턱대고 수반성을 조작하는 것이 아니다. 다음으로 변증법적 행동치료자는 표적행동에 수반되는 강화를 제거해서 표적행동을 소거시킬 기회를 포착해야 한다. 이때 내담자가 미처 예상하지 못한 폭발적인 반응을 보일 우려가 있다. 따라서 치료자는 내담자와 치료진과 치료체계가 내담자의 폭발적인 반응에 단호하게 대처하면서 얼마간의 고통을 감내할 의지가 있는지 확인해야 한다. 아울러 치료자와 내담자는 문제행동을 어떤 적응행동으로 대체할지 탐색해야 하고, 적응행동을 어떻게 강화할지 고려해야 한다. 그렇게 함으로써 내담자의 적응행동을 조성할 수 있다. 아울러 표적행동이 담당하는 기능을 파악하면, 치료자와 내담자는 동일한 기능을 담당하는 적응행동을 모색하고 대체할 수 있다.

사례를 통해 살펴보자. 어떤 치료자가 유사자살행동을 반복하는 내담자에게 그동안 비축해 둔 처방약물을 모두 버리라고 제안했다. 내담자는 거절했다. 오히려 내담자는 치료자가 처방약물을 버리라고 제안할 때마다 자살사고를 더 강하게 보고했다. 행동분석 결과, 내담자의 거절행동은 치료자의 제안을 차단하는 기능을 담당하고 있었다. 또한 내담자는 비축해 둔 처방약물이 없으면 불안했다. 즉, 내담자의 거절행동은 불안감을 감소시키는 기능도 담당하고 있었다. 치료자는 거절행동을 다루는 데 치료시간을 모두 소모하고 싶지 않았고, 비축해 둔 처방약물을 즉시 버리라고 강요하고 싶지도 않았다. 그렇다고 거절행동을 강화하고 싶지도 않았다. 그래서 치료자는 거절행동을 최소한으로 강화하면서 그것을 소거하려고 시도했다. 치료자는 내담자가 처방약물을 버리려고 시도할 때까지, 자살사고를 보고하지 않을 때까지 거절행동에 거의 주의를 기울이지 않았다. 그러다가 내담자가 처방약물을 버리겠다고 결심하자마자 그것을 강화했다.

거절행동에 대한 관심을 거두고 곧바로 새로운 주제로 초점을 옮긴 것이다. 거절행동을 해결하는 것도 중요했지만, 불안감을 조절하는 효과적인 해결책을 모색하는 것도 필요했다. 치료자는 내담자가 정말 어려운 일을 해냈다고 충분히 타당화했다. 그러나 치료자의 타당화보다 더 강력한 강화는 불안감이 실제로 감소된 것이었다. 처방약물을 비축하는 행동은 매우 위험하기 때문에 치료자는 혐오적인 수반성도 동원했다. 첫째, 치료자는 내담자가 제안을 거절하거나 자살사고를 보고하면 타당화하지 않았고, 별것 아니라는 식의 사무적인 태도로 반응했다. 둘째, 치료자는 언제쯤 처방약물을 버릴 것이냐고 끊임없이 질문하면서 내담자를 성가시게 했다. 한 달쯤 지났을 때, 내담자는 남아 있는 처방약물을 치료자에게 맡겼다. 치료자는 성가신 잔소리를 중단했다. 바람직한 행동을 즉시 강화한 것이다.

23

인지적 행동

　변증법적 행동치료자도 전통적인 인지적 재구성 절차를 적절하게 활용한다. 그러나 변증법적 행동치료가 내담자의 생각(즉, 인지적 행동)을 이해하는 핵심원리와 개입하는 치료기법은 인지행동치료와 사뭇 다르다. 변증법적 행동치료자도 자동적 사고를 포착하고, 자동적 사고의 근거를 탐색하고, 대안적 사고를 유도하며, 역기능적 핵심믿음에 도전한다. 그러나 더 효율적인 사고를 조성하기 위해, 변증법적 행동치료자는 마음챙김기술과 수반성 관리를 병행한다. 또한 치료기법을 적용할 때 인지적 행동의 내용뿐만 아니라 인지적 행동의 과정에도 주의를 기울인다.

　행동주의 이론에 기초하여, 변증법적 행동치료자는 내담자의 생각을 행동으로 간주한다. 인지적 행동도 학습원리로 설명할 수 있다. 따라서 변증법적 행동치료자는 특정한 인지적 행동과 연합되어 있는 선행사건과 후속결과에 주목한다. 예컨대, 인지적 왜곡이 강렬한 감정을 유발하기도 하지만 강렬한 감정이 인지적 왜곡을 초래하기도 한다. 변증법적 행동치료자는 인지적 행동 자체를 수정하기도 하고, 인지적 행동의 선행사건과 후속 결과를 조작하기도 한다. 즉, 수반성을 변경해서 인지적 행동의 빈도를 증가시키거나 감소시킨다. 예컨대, '나는 못할 거야.'라는 생각, 즉 인지적 행동이 있다. 이것은 타당화해 주지 않는 환경의 산물일 수도 있고, 정말로 실패했기 때문에 얻어진 결론일 수도 있다. 어느 시점부터 인지적 행동은 곤혹스러운 과제 혹은 부담스러운 상황을 회피하는 기능을 담당한다. 인지적 행동 전후의 연쇄고리를 파악하면 치료자는 소거 절차를 동원해서 '나는 못할 거야.'라는 생각을 감소시킬 수 있다.

선불교의 수행처럼 변증법적 행동치료자는 마음챙김기술과 수용전략을 동원해서 내담자의 인지적 행동을 조성한다. Linehan(1993a)은 변증법적 행동치료와 전통적인 인지행동치료의 결정적인 차이점을 언급했다. 인지행동치료와 달리, 변증법적 행동치료는 내담자의 인지적 행동을 가급적 타당화하려고 노력한다. 변증법적 행동치료자는 인지적 재구성의 대안으로 마음챙김기술을 구사한다. 예컨대, 판단적인 생각에 개입할 때, 변증법적 행동치료자는 부정적인 판단을 긍정적인 판단으로 대체시키는 방법보다 마음챙김기술을 발휘해서 판단하는 행동 자체를 감소시키는 방법을 강조한다. 마음챙김이 중시하는 것은 정확한 생각 혹은 합리적인 생각이 아니라 효율적인 생각이다. 사례를 통해 살펴보자. 내담자는 수용시설에서 생활하고 있었다. 그녀는 수용시설 관리자가 자신을 미워해서 내보내려 한다고 생각했다. 그런 믿음을 반추할 때, 그녀는 수치심을 경험했고 자해충동에 사로잡혔다. 치료자는 수용시설 관리자와 대화를 나누었다. 비록 과장되기는 했지만 내담자의 생각은 현실에 상당히 부합했다. 내담자가 위협적인 행동과 파괴적인 행동을 반복했기 때문에 대부분의 관리자는 그녀를 수용시설에서 내보내고 싶어 했다. 그리고 일부분의 관리자는 정말로 그녀를 미워했다. 치료자는 내담자의 반추행동을 감소시키고 싶었다. 반추행동과 자해행동이 연합되어 있었기 때문이다. 그러나 내담자의 생각이 상당히 정확했기 때문에 그것을 논박할 수 없었고, 무슨 근거로 그렇게 생각하느냐고 질문할 수 없었다. 전통적인 인지적 재구성 기법을 적용할 수 없었던 것이다. 치료자는 내담자의 생각에서 타당한 측면을 수용했다. 그리고 반추행동이 초래하는 후속결과의 비효율적인 측면을 강조했다. 아무리 타당한 생각이라 할지라도 끊임없이 반추하면 효율성이 급감한다. 치료자는 인지적 행동 자체와 그것이 초래하는 후속결과를 있는 그대로 관찰하고 묘사하는 마음챙김기술을 가르쳤다. 아울러 더 효율적인 인지적 행동을 하라고 촉구했다. 예컨대, 위협행동을 감소시킬 해결책을 모색하고 인간관계를 개선하는 해결책을 도출하도록 했다. 만약 수용시설에서 어떤 일이 벌어지고 있는지 정확하게 알지 못했다면 치료자는 변증법적 해법분석을 시도했을 것이다. 즉, 마음챙김기술을 활용하는 것이 나은지 아니면 인지적 재구성 기법을 활용하는 것이 나은지 신중하게 고민했을 것이다.

24

변증법적 치료태도

변증법적 행동치료자가 구사하는 모든 치료전략에는 변증법적 치료태도가 반영되어 있다. 변증법적 행동치료자는 변화전략과 수용전략을 병행하면서 끊임없이 변화와 수용의 균형을 추구한다. 변증법적 치료태도를 견지하려면 문제행동이 발생하고 지속되는 전반적인 맥락 및 여기에 영향을 미치는 다양한 요인의 상호작용 양상을 파악해야 한다. 변증법적 행동치료자는 갈등을 기회로 활용한다. 그러나 변증법적 치료태도를 유지하는 것은 결코 쉬운 일이 아니다. 맥락과 요인을 세밀하게 평가하고, 치료전략을 시의적절하게 변경하고, 모든 치료양식을 충분하게 활용해야 변증법적 행동치료에 성공할 수 있다. 더 나아가서, 변증법적 행동치료자는 치료원칙을 철저하게 고수하는 작업과 내담자의 고통에 민감하게 반응하는 작업 사이에서 변증법적 균형을 추구해야 한다. 이것은 내담자와 치료자가 함께 추는 춤에 비유할 수 있다. 자신의 움직임에 능숙하고 상대의 움직임에 조율해야 멋진 춤을 출 수 있다. 변증법적 행동치료는 안개가 자욱한 날에 낭떠러지 근처 울퉁불퉁한 땅에서 춤을 추는 것과 같다.

씨줄과 날줄을 엮어서 천을 짜듯이 변증법적 행동치료자는 변화전략과 수용전략을 적절하게 조합한다. 문제를 해결하면서 경험을 타당화하고, 경험을 타당화하면서 해결책을 모색한다. 샌드위치에 비유하면, 수용전략은 빵이고 변화전략은 고기다. 빵이 고기를 단단히 감싸야 샌드위치가 된다. 구체적인 사례를 통해 살펴보자. 어떤 내담자가 법정에 소환된 상태에서 변증법적 행동치료를 시작했다. 내담자는 경범죄로 유죄판결을 받을 예정이었다. 수용의 측면에서 치료자는 법정에 나가서 치료과정을 증언했다. 내담자는 구속되는 대신에 보호관찰 명령을 받았다. 이어서 치료작업이 진행되었다. 치료자는 상황을 받아들이는 수용전략과 기술을 향상시키는 변화전략 사이의 균형을 추구했다. 변화의 측면에서 치료자는 상황을 악화시키지 않도록 내담자에게 고통감내기술과 정서조절기술을 가르쳤다. 내담자가 관할구역에서 도망치려고 했기 때문이다. 내담자는 충동을 이겨내고 법정에 출석했다. 내담자가 기술을 발휘하자, 치료자는 심리치료를 지속하게 해 달라고 법정에 요청했다.

수용과 변화가 변증법적으로 통합될 때 치료성과가 나타난다. 예컨대, '시큼한 레몬으로 달콤한 레모네이드 만들기'라는 치료기법이 있다. 변증법적 행동치료자는 내담자가 엄중한(즉, 시큼한) 상황에 놓여 있다는 점을 타당화하면서, 동시에 상황을 개선할 수 있는 유익한(즉, 달콤한) 방도를 찾아내라고 격려한다. 이런 비유를 활용할 때, 치료자는 내담자의 처지를 충분히 이해하는 메시지와 내담자의 변화를 강력히 촉구하는 메시지를 함께 전하려고 노력한다. 예컨대, 유사자살행동을 반복하는 내담자가 1단계 심리치료 없이 2단계 심리치료로 직행하기를 원했다. 처음부터 아동기 외상경험을 다루면 유사자살행동이 증가되는 부작용이 발생한다. 그래서 치료자는 먼저 내담자의 욕구를 타당화했다. "아동기 외상경험을 다루는 것은 높은 산의 꼭대기에 오르는 것과 같습니다. 하루라도 빨리 산에 오르고 싶은 심정을 충분히 헤아릴 수 있습니다." 그러나 치료자는 1단계를 거치지 않으면 2단계로 나아갈 수 없다는 사실도 분명히 지적했다. "높은 산의 꼭대기에 오르려면 지식과 장비를 갖추어야 합니다. 아무런 준비도 없이 산에 오르면 조난을 당해서 죽을지 모릅니다." 변증법적 행동치료자의 비유에는 수용과 변화의 측면이 모두 포함되어 있다. 1단계 심리치료는 2단계 심리치료를 안전하게 진행하기 위해서 반드시 필요한 준비과정이다. 고대 그리스의 철학자들은 논증과 설득의 수단으로 변증철학을 활용했다. 일단 상대방의 주장을 하나의 가설로 받아들인 뒤, 상대방으로 하여금 그 가설의 모순을 인정하게 유도하는 방법이다. 변증법적 행동치료자도 비슷한 설득 기술을 활용한다. 예컨대, 유사자살행동을 반복하는 내담자가 어느 정도 안정되었을 때 행동분석을 실시했다. 행동분석 결과, 내담자는 통제감을 얻으려고 유사자살행동을 반복하고 있었다. 치료자는 내담자의 통제하고 싶은 욕구를 충분히 타당화했다. 그러나 유사자살행동을 반복하면 오히려 치료진은 내담자가 통제력을 발휘하지 못한다고 판단할 것이라고 강조했다. 치료진이 내담자가 통제력을 발휘하지 못한다고 생각하면 내담자에게 통제권을 주지 않을 것이라는 점도 언급했다. 이것만으로 유사자살행동이 사라지지는 않았지만, 적어도 내담자는 문제행동을 변화시키려는 동기를 품게 되었다.

변증법적 치료태도를 견지하는 구체적인 방법으로, 치료자는 자연스러운 변화를 허용하고, 악마의 옹호자 기법을 구사하고, 지혜로운 마음을 유도하고, 변증법적으로 평가하고, 모순과 역설에 주목하고, 내담자의 문제행동을 역으로 이용한다. 자연스러운 변화(3장)와 악마의 옹호자 기법(15장)은 앞에서 이미 소개했다. 변증법적 행동치료자는 내담자가 정서적 경험과 이성적 사고를 통합해서 지혜로운 마음을 발휘할 수 있도록 안내한다. 또한 치료자는 내담자의 삶에 영향을 미치고 있는 모든 체계(예: 생리적, 문화적, 경제적, 심리적)를 면밀하게 검토하고, 혹시라도 간과된 체계나 망각된 체계는 없는지 변증법적으로 평가한다.

변증법적 행동치료자는 모순에 주목한다. 내담자는 모순을 파악하고 감내하고 해결해야 한다. 예컨대, 자신의 욕구를 과도하게 희생하면서 타인의 욕구에 민감하게 반응하는 내담자가 있었다. 그것이 더 바람직한 행동이라고 생각했기 때문이다. 치료자는 자신을 돌보는 것이 곧 타인을 돌보는 것이라고 지적했다. 어떤 내담자는 정신병원에 입원하려고 유사자살행동을 반복했다. 치료자는 내담자가 유사자살행동을 시도할 가능성이 너무 높다는 이유로 폐쇄병동 입원을 거절했다. 어떤 내담자의 부모는 눈물을 흘리는 것은 나약함의 표시라고 비난했다. 역설적으로, 치료자는 강인한 사람이 눈물을 흘리는 것이라고 주장했다. 변증법적 행동치료자는 모순과 역설을 지적해서 내담자를 일깨운다. 이것은 선불교의 스승과 제자가 나누는 선문답과 비슷하다(Suler, 1989). 모순과 역설을 해소하려면 분석하지 말고 경험해야 한다. 서양의 시각으로 바라보면, 선불교 자체가 참으로 모순적이고 역설적이다. "지금 여기가 본질적으로 완전한 세상이다."(Aitken, 1982, p. 63)라는 명제와 "인생은 고해다."(Aitken, 1982, p. 49)라는 명제가 서로 충돌하기 때문이다.

변증법적 행동치료자는 내담자의 문제행동을 역으로 이용한다. 일본의 전통무술인 합기도의 고수는 상대방의 힘에 맞서지 않는다. 오히려 그 힘을 역으로 이용해서 상대방을 제압한다(Saposnek, 1980; Windle & Samko, 1992). 내담자가 치료자를 공격하면, 치료자는 방어하지 않고 그것을 수용한다. 갑작스럽게 치료방향을 변경하는 것이다. 미처 예상하지 못한 치료자의 반응은 내담자의 무장을 해제시키고 균형을 무너뜨리는 효과를 발휘한다. 이렇게 함으로써 치료자와 내담자 모두 상처받지 않고 치료방향을 수정할 수 있다. 변증법적 행동치료자는 내담자의 타당한 이야기에 귀를 기울이면서, 내담자가 애초에 의도한 수준까지 문제행동을 보이도록 자연스럽게 허용한다. 그러다가 내담자가 애초에 의도한 수준 이상으로 문제행동을 보이면 그것을 역으로 이용한다. 예컨대, 어떤 내담자가 "선생님은 형편없는 치료자예요. 선생님을 학회에 고발할 겁니다."라고 이야기했다.

내담자가 고발장을 쓰겠다는 것은 일종의 위협이었다. 내담자는 그런 식으로 위협하면 치료자가 반발할 것이라고 예상했고, 고발장을 쓰지 말라고 회유하면서 자신의 무리한 요구를 받아들일 것이라고 기대했다. 그러나 치료자는 고발장을 쓰겠다는 내담자의 욕구를 수용했다. 내담자의 예상이 빗나간 것이다. 그리고 더 나아가서, 치료자는 추가로 시간을 투자해서 고발장을 쓰는 작업을 도와주겠다고 제안했다. 내담자가 고발장을 제대로 작성하도록 돕는 것이 치료자의 임무라고 주장하면서 말이다.

25

자기공개

변증법적 행동치료자는 두 종류의 의사소통 전략을 구사한다. 하나는 수용을 촉진하는 공손한(reciprocal) 의사소통이고, 다른 하나는 변화를 촉구하는 불손한(irreverent) 의사소통이다. 두 종류의 의사소통 전략은 변증법적으로 상충한다. 대부분의 심리치료자는 따뜻하고 솔직하게 내담자를 대하는 공손한 의사소통 전략을 구사한다. 치료자의 자기공개도 공손한 의사소통 전략의 일부다. 그러나 변증법적 행동치료자는 특정한 의도를 가지고 자기를 공개한다. 첫째, 치료자가 자기를 공개하면 근본적으로 진실한 치료관계를 형성할 수 있다. 둘째, 치료자는 내담자와의 치료관계에서 경험한 내용을 기꺼이 공개하되 전문가로서의 경계를 벗어나지 않는다. 이를 통해 내담자는 자신의 전반적인 인간관계 패턴을 인식할 수 있고, 자신이 인간관계에 어떤 영향을 미치고 있는지 이해할 수 있다. 셋째, 치료적인 자기공개를 통해 내담자의 변화 동기를 고취할 수 있다.

치료자는 두 가지의 일반원칙을 지키면서 자기를 공개한다. 치료실 안의 인간관계는 치료실 밖의 인간관계와 가급적 비슷해야 하고, 치료자는 전문적인 경계를 유지해야 한다. 첫째, 변증법적 행동치료자는 자기공개의 빈도와 내용을 관찰하면서 적절한 한계를 벗어나지 않도록 주의해야 한다. 어떤 치료자는 너무 빨리, 너무 자주, 너무 은밀한 내용까지 공개하는 경향이 있다. 둘째, 변증법적 행동치료자는 치료자의 자기공개가 내담자에게 어떤 영향을 미치는지 세심하게 살펴야 하고, 최대의 효과를 낼 수 있도록 자기공개 수준을 조절해야 한다. 변증법적 행동치료자는 오직 내담자에게 궁극적으로 도움이 되는 정보만 공개해야 한다.

자기공개의 유형

변증법적 행동치료자는 알려주기(modeling self-disclosure)와 드러내기(self-involving self-disclosure)라는 두 가지 자기공개 전략을 구사한다. 알려주기는 내담자의 대처기술을 향상시키는 데 유익하다. 치료자는 자신이 어떤 어려움을 겪었는지 솔직하게 공개하고, 변증법적 행동치료의 원리와 기술을 활용해서 어려움을 어떻게 해결했는지 자세하게 소개한다. 이때 적절한 대처기술을 알려주는 것이 목적이므로 과거의 문제 혹은 해결한 문제만 공개하는 것이 바람직하다. 당연하게도 치료자는 내담자에게 도움을 받으려는 목적으로 자신의 경험을 공개해서는 안 된다. 또한 치료자가 기술을 완벽히 숙달했다는 점을 보여 주는 것이 아니라 기술을 적절히 발휘했다는 점을 알려 주는 것이 중요하다. 치료자가 완벽한 숙달을 과시하면, 내담자가 자신은 그런 경지에 도달할 수 없다고 생각하면서 자칫 의기소침할 수 있기 때문이다.

사례를 통해 살펴보자. 새로운 가게에서 아르바이트를 시작하는 청소년 내담자가 있었다. 내담자는 충분한 기술을 가지고 있었지만 정말로 기술을 발휘할 수 있을지 의문을 품었다. 치료실 안의 분위기와 치료실 밖의 분위기는 사뭇 다르기 때문이다. 치료자는 비행공포증을 극복한 경험을 공개하면서 내담자의 불안감을 타당화했고, 장거리 비행을 앞두고 어떤 기술을 훈련했는지 소개했다. 치료자는 "비행공포증의 문제가 뭔지 아세요? 비행기가 이륙하면 무조건 이륙하는 거예요. 절반은 이륙하고 절반은 착륙하고, 이런 것은 없는 거죠."라고 이야기했다. 내담자는 치료자가 자신의 심각한 고민을 충분히 이해하고 있다고 생각했다. 치료자는 비행기에서 불안에 휩싸였을 때 마음챙김기술과 정서조절기술을 발휘했다는 점과 여러 차례 비행하고 나서야 편안해졌다는 점을 강조했다. 이어서 치료자는 처음 출근하는 날 어떤 기술을 발휘할지 내담자와 함께 논의하고 훈련했다.

변증법적 행동치료자는 내담자를 치료하면서 경험하는 자신의 감정을 솔직하게 드러낸다. 예컨대, 알코올 문제를 지니고 있는 아버지와의 관계를 개선하려고 노력했던 내담자가 있었다. 내담자의 아버지는 앞으로 딸을 만나지 않겠다고 선언했다. 알코올 문제를 이미 해결한 딸을 만나면 아직 알코올 문제에서 벗어나지 못한 자신이 비참하게 여겨졌기 때문이다. 내담자는 몹시 슬퍼했다. 치료자는 "그 이야기를 들으니 나도 슬프네요. 당신이 술을 끊으려고 얼마나 노력했는데, 그리고 아버지와의 관계를 개선하려고 얼마나 애썼는데 그것을 알아 주지 않으셨군요."라고 반응했다. 치료자의 솔직한 자기공개는 내담자에게 위로가 되었다. 내담자는 아버지 없이 살아갈 방법을 궁리하기 시작했다.

자기공개의 기능

변증법적 행동치료자는 자기공개를 전략적으로 구사한다. 예컨대, 치료자가 자신도 불편한 감정을 조절하기 힘들 때가 있다고 진솔하게 공개하면, 내담자는 정서조절을 못하는 것이 수치스러운 일이라고 생각하지 않게 되고 불편한 감정을 더 쉽게 털어놓을 수 있게 된다. 치료자가 내담자에게 느끼는 감정을 솔직하게 드러내면, 내담자는 자신의 행동이 대인관계에 미치는 영향을 알아차릴 기회 및 대인관계를 망가뜨리는 행동을 수정할 수 있는 기회를 갖게 된다. 예컨대, 자살하겠다고 치료자를 위협하고, 기량이 부족하다고 치료자를 비난하는 내담자가 있었다. 이런 일이 여러 번 반복되자, 치료자는 "당신이 자살하겠다고 위협하면서 제가 무능력하다고 비난하면, 당신을 치료하고 싶은 마음이 조금씩 줄어듭니다."라고 솔직한 심정을 드러냈다. 이 경우, 치료자는 내담자의 행동이 자신에게 미치는 영향을 드러냄으로써 내담자의 행동이 일반적인 대인관계에 끼치는 부정적인 영향을 알아차리도록 유도한 것이다. 내담자는 심리치료를 지속하기 원했고, 치료자의 자기공개는 자살위협을 처벌하는 기능 및 행동의 변화를 촉구하는 기능을 발휘했다. 내담자는 문제 행동을 수정하고 싶었고 자살위협을 중단하고 싶었다. 치료자는 어떻게 하면 고통과 좌절을 더 효과적으로 표현할 수 있을지 내담자와 의논했다.

26

불손한 의사소통

불손한 의사소통과 공손한 의사소통은 변증법적으로 대비된다. 변증법적 행동치료자는 내담자가 역기능적인 감정과 사고와 행동의 패턴에 갇혀서 벗어나지 못할 때 불손한 의사소통을 시도한다. 비유컨대, 엄청난 속도로 달리는 기차가 장벽에 부딪힐 위기에 처했는데 오직 방향을 바꾸는 것 외에는 충돌을 막을 방법이 없을 때 불손한 의사소통이 필요하다. 불손한 의사소통의 목적은 초점을 변경하는 것이다. 표면적으로는 불손한 의사소통과 공손한 의사소통이 전혀 다른 것처럼 보이지만, 모두 내담자를 공감하고 연민하는 반응이라는 점에서 본질적으로는 동등하다. 즉, 불손한 의사소통은 내담자에게 분노감과 좌절감을 표출하는 것이 결코 아니다. 불손한 의사소통은 내담자가 끈질기게 붙드는 왜곡된 관점을 변경하고 경직된 시각을 포기하게 이끄는 데 도움이 된다. 불손한 의사소통에 치료자의 분노감이 끼어들면, 내담자는 경직된 관점을 변경하지 않을 것이다. 오히려 내담자는 경직된 관점을 더 강하게 고수할 것이고, 치료자의 기대는 좌절될 것이다.

경계선 성격장애 진단을 받은 내담자는 정서적 과민성과 취약성 때문에 어려움을 겪는다. 그러나 변증법적 행동치료자는 내담자가 어느 정도 버텨 낼 수 있는 강인함도 지니고 있다고 생각한다. 치료자는 종종 내담자를 과소평가한다. 불손한 의사소통은 내담자의 취약하지 않은 측면을 건드리는 전략이다. Linehan(1993a)은 불손한 의사소통의 유형을 몇 가지로 구분했다. 기본적으로 어조가 중요하다. 대부분의 치료자가 따뜻하고 부드럽게 반응할 때, 불손한 의사소통을 시도하는 변증법적 행동치료자는 사무적인 어조로 대응한다. 예컨대, 내담자가 자살충동을 보고하면 더 따뜻하게 반응하는 것이 일반적이다. 염려와 관심을 더 많이 표현하는 것이다. 그러나 경계선 성격장애를 지니고 있는 내담자의 입장에서, 치료자의 온정적인 반응은 자살충동을 강화하는 역기능적인 결과를 초래한다. 이런 경우, 변증법적 행동치료자는 따뜻하게 반응하지 않고 사무적인 어조로 대응한다. 이것이 불손한 의사소통의 기본이다. 내담자는 자신의 예상과 다른 치료자의 반응에 주목하게 되고, 정서적인 고통을 더 효과적으로 호소할 방법을 궁리하게 된다. 변증법적 행동치료자는 불손한 의사소통을 통해 자살충동을 소거하기 시작한다. 과거에 짝지어진 잘못된 연결고리를 수정하는 것이다. 따라서 불손한 의사소통은 치료관계의 수반성을 변경하는 기능을 담당한다. 변증법적 행동치료자는 사무적인 어조보다 수위를 높여서 직접적으로 직면시키는 불손한 의사소통을 시도하기도 한다. 예컨대, 내담자가 치료자에게 전화를 걸었다. 친구가 약속을 갑자기 취소해서 자살하고 싶다고 말했다. "모든 것이 부질없어요. 모든 사람이 저를 떠나 버렸어요."라고 말하면서 지난번에 헤어진 친구에 대해 반추했다. 치료자는 즉시 내담자의 문제행동을 차단했다. "그런 식으로 파국화하지 말고, 문제를 어떻게 해결할 것인지 생각하세요."

변증법적 행동치료자는 사무적인 어조에 사무적인 내용을 덧붙여서 불손한 의사소통을 시도하기도 하는데, 여기에는 두 가지 전략이 있다. 첫째, 직설적으로 의사소통한다. 일반적인 치료자는 거의 꺼내지 않을 이야기도, 변증법적 행동치료자는 빙빙 돌려서 표현하지 않고 거침없이 분명하게 이야기한다. 예컨대, 자신의 성기를 자극하는 방식으로 자해행동을 반복하는 여자 내담자가 있었다. 문제행동의 연쇄고리를 분석하는 과정에서 치료자는 자해행동을 통해 성적인 흥분감을 경험했는지 직설적으로 질문했다.

둘째, 변칙적으로 의사소통한다. 내담자의 이야기에 엉뚱하게 대꾸하는 것이다. 예컨대, 성적으로 학대당한 경험이 있는 젊은 여자 내담자가 기술훈련집단의 남자들이 자기를 자꾸 쳐다본다고 불평했다. 그녀는 길거리의 젊은 남자들도 몸매를 힐끔거려서 거슬린다고 비난했다. 그런데 그녀는 남자들의 이목을 끌만한 옷차림을 하고 다녔다. 치료자는 몇 가지 해결책을 제안했다. 예컨대, 복장을 바꾸기, 남자들의 시선을 수용하기, 자신의 매력에 대해서 다시 생각하기 등을 제안했다. 그러나 전혀 효과가 없었다. 그녀는 고통을 감내하려고 노력하지도 않았고 문제를 해결하려고 시도하지도 않았다. 그저 불평만 늘어놓을 뿐이었다. 어느 날, 내담자가 다시 불평을 시작하면서 기술훈련집단에서 빠지겠다고 말했다. 치료자는 "그건 불가능합니다. 유일한 해결책은 당신이 수녀원에 들어가는 것입니다. 아마도 오늘은 그 주제를 의논해야 할 것 같네요. 어떻게 하면 수녀원에 들어갈 수 있을까요?"라고 엉뚱하게 대꾸했다. 내담자는 곧바로 문제의 본질을 이해했다. 그리고 치료자가 제안한 해결책을 다시 고려하기 시작했다.

그러나 불손한 의사소통은 때때로 기대하지 않은 결과를 초래하기도 한다. 과녁이 빗나가면 내담자의 변화를 촉진시키는 효과가 아니라 오히려 내담자의 고통을 증폭시키는 사태를 초래한다. 이런 경우, 치료자는 신속하게 전략을 수정해서 내담자에게 적절히 사과하고 치료관계를 회복해야 한다. 이런 사태도 치료적인 기회로 활용할 수 있다. 갈등을 해소하고 관계를 회복하는 방법을 치료자가 시범적으로 보여 줄 수 있기 때문이다. 치료자는 지나치게 방어하지 않고, 과도하게 양보하지 않고, 감정에 압도되지 않는 지혜로운 해결책을 몸소 보여 주어야 한다.

불손한 의사소통을 통해 내담자가 경직된 패턴에서 벗어나서 유연한 태도를 드러내기 시작하면, 변증법적 행동치료자는 공손한 의사소통으로 신속하게 전환한다. 이것은 내담자의 바람직한 변화에 수반하는 바람직한 강화다. 치료자가 불손한 의사

소통과 공손한 의사소통을 번갈아서 반복하면, 내담자는 불손한
의사소통에 내포되어 있는 직면과 도전을 견딜 수 있게 된다. 치
료자는 두 가지의 의사소통 방법을 전략적으로 구사하면서 치료
적인 기회를 만들어 낸다. 이것도 변증법적 행동치료의 독특한
특징이다.

27

사례관리

    변증법적 행동치료는 사례관리와 관련된 치료원칙을 명확하게 제시한다. 경계선 성격장애를 지니고 있는 내담자는 치료진과 상호작용하면서 숱한 문제를 드러내므로 치료원칙을 지켜야한다. 그런데 사례관리와 관련된 치료원칙을 제시하는 심리치료는 거의 없다. 대부분의 심리치료가 축 I 장애를 대상으로 개발되었기 때문이다. 축 I 장애 내담자에게는 복잡한 치료양식이 제공되지 않으므로 내담자가 치료진과 마찰을 빚을 가능성이 그리높지 않다. 그러나 경계선 성격장애 내담자는 공존병리를 지니고 있거나 대인관계의 문제를 보이는 경우가 많다. 또한 변증법적 행동치료에는 다양한 치료양식이 포함되므로 내담자는 자주치료진과 미묘한 갈등을 빚는다. 경계선 성격장애를 지니고 있는 내담자는 치료개입을 시도할 때마다 치료자에게 무언가를 요구하면서 적극적으로 도와 달라고 호소한다. 따라서 사례관리와관련된 치료원칙이 필요하다.

변증법적 행동치료자는 내담자와 치료진의 상호작용에서 발생하는 문제를 내담자가 스스로 해결하도록 조언한다. 이것은 변화의 흐름을 따르는 전략이다. 만약 치료자가 내담자의 문제를 대신해서 해결해 준다면 그것은 수용의 흐름을 따르는 전략이다. 그러나 변증법적 행동치료자는 내담자와 치료진의 갈등을 대신해서 해결해 주지 않는다. 치료원칙은 명확하다. 변증법적 행동치료자는 치료자가 개입해서 얻어 내는 현재의 이득이 내담자가 스스로 문제를 해결할 때까지 기다려서 치러야 할 미래의 손해보다 현저하게 클 때만 내담자를 대신해서 갈등에 개입한다. 그 밖의 모든 경우, 치료자는 내담자에게 조언하는 역할만 담당한다. 내담자가 가족, 친구, 동료와 겪고 있는 대인관계 문제에 개입할 때 이와 유사한 치료원칙을 준수하는 치료모형은 상당히 많다. 그러나 독특하게도, 변증법적 행동치료는 내담자가 치료진과 겪고 있는 대인관계 문제에 대해 언급하고 있다. 예컨대, 어떤 내담자가 약물을 처방하는 자문의에 대한 불만을 토로했다. 치료자는 내담자를 대신해서 자문의와 의논하지 않았고, 내담자가 스스로 불만을 표현하고 적절한 처방을 요청하도록 조언했다. 치료자는 내담자를 통해 자문의의 행동을 간접적으로 변화시켰고, 일단 약물처방에 대한 불만을 감내하라고 내담자에게 주문했다. 다른 예로, 경계선 성격장애와 섭식장애를 함께 겪고 있는 내담자가 있었다. 그녀는 정기적으로 혈액검사를 받았다. 치료자는 내담자를 대신해서 자문의에게 약물처방을 요구하지 않았고, 내담자가 직접적으로 약물처방을 요청하도록

조언했다. 이렇게 개입하는 까닭은 궁극적으로 내담자의 능력과
동기를 향상시키기 위해서다. 건강에 관한 문제이든 관계에 대
한 문제이든, 모든 문제는 내담자가 주도적으로 해결해야 한다.
실용적인 측면에서, 변증법적 행동치료자는 다른 치료진을 상대
하는 데 시간을 소모하지 않고 오직 내담자를 치료하는 데 역량
을 집중할 수 있다.

　이런 사례관리 전략에 원칙적으로 동의하는 정신건강전문가
가 많을 것이다. 그러나 실제적인 필요에 따라 다른 견해를 피력
하는 정신건강전문가도 있을 것이다. 예컨대, 치료진이 정기적
으로 소통해야 한다는 점을 강조하는 치료모형도 있고, 특히 위
기상황에 개입할 때나 치료계획을 수립할 때는 치료진 사이의
소통이 정말로 중요할 수 있다. 그래서 변증법적 행동치료가 강
조하는 치료원칙을 지키려면 치료자와 내담자의 관점이 변화되
어야 한다. 특히 내담자는 과거에 다른 치료자와 이런 방식으로
소통해 본 적이 없기 때문에 주의가 요구된다. 사례관리 전략을
효율적으로 실행하기 위해서, 그리고 치료원칙을 변경하는 것
에 대한 오해를 줄이기 위해서, 변증법적 행동치료자는 내담자
및 내담자 주변의 체계(예: 가족)에 목적과 의도를 상세하게 설명
하고 치료작업을 시작하는 것이 바람직하다. 치료원칙을 꾸준히
지키면서 실질적인 효과를 얻으면 내담자와 주변의 체계가 사례
관리 전략의 필요성과 효율성을 인정할 것이다. 변증법적 행동
치료자는 직접적인 개입과 간접적인 개입 사이의 균형을 살펴야
한다. 특히 치료작업이 진전됨에 따라 내담자가 더 주도적인 역

할을 하도록 배려해야 한다. 경계선 성격장애를 지니고 있는 내담자는 스스로 치료진과 협상해서 적절한 돌봄을 얻어 내는 기술을 훈련할 필요가 있다.

다른 치료진이 변증법적 행동치료자에게 내담자에 관한 정보와 자문을 요청하는 경우에도 동일한 사례관리 원칙이 적용된다. 다른 치료진이 변증법적 행동치료자에게 내담자와 빚고 있는 갈등을 대신해서 해결해 달라고 요구하는 경우에도 마찬가지다. 내담자 주변의 체계가 내담자에 관한 정보를 요청하는 경우, 변증법적 행동치료자는 전반적인 프로그램에 대한 정보를 제공한다. 그러나 변증법적 행동치료자는 내담자가 없는 자리에서는 내담자에 대한 정보 혹은 치료과정에 관한 정보를 논의하지 않는다. 또한 변증법적 행동치료자는 다른 전문가에게 편지를 쓰지도 않고 전화를 걸지도 않는다. 오직 내담자가 부탁하는 경우, 내담자가 동석하는 경우에만 그렇게 한다. 변증법적 행동치료자는 다른 치료진에게도 내담자와 어떻게 상호작용하라고 직접적으로 요구하지 않는다. 다른 치료진이 변증법적 행동치료에 익숙한지 여부와는 무관하다. 예컨대, 변증법적 행동치료를 모르는 사례관리자가 치료자에게 내담자를 어떻게 대해야 하는지 질문했다. 치료자는 직접적인 교류방식을 제시하지 않았다. 그 대신에 사례관리자가 평소에 하던 대로 내담자를 대하라고 지지했다. 마지막으로, 변증법적 행동치료자는 내담자를 대신해서 내담자가 다른 전문가와 겪고 있는 문제에 개입하지 않듯이 다른 전문가를 대신해서 그 전문가가 내담자와 겪고 있는 문제에도 개입하지 않는다. 예컨대, 폐쇄병동에 근무하는 간호사가 내 담자에 관한 불만을 치료자에게 호소했다. 내담자가 금연규칙 을 계속 어겼기 때문이다. 변증법적 행동치료자는 선택했다. 시 급히 다뤄야 하는 더 심각한 표적행동이 없었으므로 흡연문제에 개입했다. 그러나 만약 더 심각한 표적행동이 있었다면 직접적 으로 개입하지는 않았을 것이다. 그러나 만약 간호사가 소진될 위험에 처해 있거나 혹은 내담자가 폐쇄병동에서 쫓겨날 위기에 봉착했다면 개입했을 것이다.

내담자가 선호하는 결정과 치료자가 제시하는 견해가 일치하 지 않을 때 치료원칙이 흔들릴 수 있다. 이런 경우, 변증법적 행 동치료자는 내담자의 결정에 동의하지 않는 이유를 충분히 설명 한다. 아울러 내담자가 선호하는 결정의 장점과 단점을 살펴보 도록 유도한다. 그럼에도 불구하고 내담자가 기존의 입장을 고 수하면, 변증법적 행동치료자는 내담자가 선택한 결정을 존중하 면서 최대한 성공하도록 지원한다. 예컨대, 스트레스가 심해지 면 자살충동이 증가되는 내담자가 있었다. 과거에 그녀가 선택 했던 해결책은 입원치료였다. 그러나 불행하게도 입원치료는 자 살행동을 강화하는 결과를 초래했다. 마지막으로 입원치료를 받 은 뒤, 치료자와 내담자는 앞으로는 위기가 닥치더라도 입원치 료를 선택하지 말자고 합의했다. 그러나 다시 위기가 찾아오자 내담자의 결심이 흔들렸다. 변증법적 행동치료자는 과거의 경험 과 치료적 다짐을 상기시켰다. 그리고 입원치료의 장점과 단점 을 다시 검토했다. 내담자는 요지부동이었다. 그래서 변증법적 행동치료자는 전략을 수정했다. 입원치료의 이득을 최대화하고 손해를 최소화하는 방안을 내담자와 함께 논의한 것이다. 여기서 주목할 것은 치료자가 내담자를 대신해서 입원수속을 밟지는 않았다는 것이다.

28

치료방해행동: 내담자

여느 인간관계와 마찬가지로 치료자와 내담자의 관계에도 긴장이 존재한다. 3장에서 살펴본 것처럼 변증법적 행동치료자는 정-반-합의 변증철학을 동원해서 치료관계의 긴장과 갈등을 해소하려고 노력한다. 치료자와 내담자를 모두 타당화하면서 서로 합의한 치료목표에 부합하는 방향으로 행동하는 것이다. 그런데 치료관계의 문제가 성공적으로 해결되지 않으면 치료방해행동이 나타난다. 예컨대, 어떤 치료자가 약물을 남용하는 내담자를 직면시켰다. 그러나 정서조절이라는 치료목표에 도달할 수 있는 대안적인 해결책은 제안하지 않았다. 내담자는 약물남용에 대해서 치료자에게 거짓말을 하기 시작했다.

경계선 성격장애를 지니고 있는 내담자는 치료방해행동을 반복한다. 치료방해행동이 나타나는 이유는 치료자와 갈등을 빚고 있는 구체적인 사건 때문일 수도 있고, 전반적인 심리적 취약성 때문일 수도 있다. 성격장애가 없는 내담자는 전통적인 심리치료의 효과가 양호한데, 경계선 성격장애를 지니고 있는 내담자의 효과는 저조하다. 그것도 일부는 치료방해행동 때문이다. Linehan(1993a)은 치료방해행동에 각별한 관심을 기울였다. 치료과정을 직접적으로 방해하는 행동(예: 치료시간에 불참하는 행동, 술에 취해서 기술훈련집단에 나타나는 행동, 치료시간을 서둘러서 마치는 행동, 생활일지를 작성하지 않는 행동) 및 치료자의 치료동기를 현저하게 감소시키는 행동(예: 치료자의 한계를 시험하는 행동, 치료자에 대한 불만을 다른 치료진에게 언급하는 행동, 치료자를 끊임없이 비난하는 행동)이 치료방해행동이다. 변증법적 행동치료자는 내담자의 치료방해행동을 회피해야 할 장애물 혹은 극복해야 할 방해물로 단순하게 치부하지 않는다. 치료방해행동은 내담자가 치료실 밖에서 반복하고 있는 문제행동의 표본이고, 치료실 안에서 즉각적으로 문제행동을 수정할 수 있는 기회다. 예컨대, 생활일지를 작성하지 않는 내담자가 있었다. 행동분석 결과, 내담자는 극심한 수치심을 느꼈기 때문에 생활일지를 작성하지 않았다. 내담자가 유사자살행동을 반복하는 까닭도 이와 비슷했다. 치료자가 생활일지와 관련된 치료방해행동을 다루자 유사자살행동도 감소되었다.

치료방해행동이 나타나면 변증법적 행동치료자는 표준적인 치료전략을 활용해서 개입한다. 특히 문제해결전략을 강조한다. 일반적으로 변증법적 행동치료자는 문제행동을 객관적으로 묘사하는 작업부터 시작한다. 이때 내담자를 판단하지 않아야 하고 내담자의 의도를 추론하지 말아야 한다. 예컨대, 변증법적 행동치료자는 "당신은 지금 나를 조종하고 있어요."라고 판단하지 않고, "당신은 치료시간을 연장하지 않으면 자해행동을 하겠다고 나를 위협하고 있어요."라고 객관적으로 묘사한다. 또한 "당신은 치료에 저항하고 있어요."라고 추론하지 않고, "당신은 과제를 거의 수행하지 않는군요."라고 사실적으로 묘사한다. 그런 다음, 치료자는 문제행동이 초래하는 혐오적 결과(예: 치료자의 치료동기를 감소시킴)를 제시하면서 변화의 필요성을 역설한다. 또한 문제행동을 수정하면 내담자가 원하는 치료목표를 달성할 수 있다고 강조한다. 예컨대, 치료자는 "당신이 약속을 어기고 전화를 걸어오면, 나는 모든 전화접촉을 중단하고 싶어져요. 당신도 그렇게 이야기한 적이 있잖아요. 당신이 자꾸 약속을 어기니까 친구들이 당신을 멀리 한다고요. 만약 치료실 안에서 그 문제를 해결할 수 있으면, 치료실 밖에서 친구를 대할 때도 똑같은 기술을 발휘할 수 있을 거예요."라고 이야기한다. 이어서 치료자는 간략한 행동분석과 해결분석을 실시하고 해결책을 제안한다. 수치심 때문에 생활일지를 작성하지 못하는 내담자의 경우, 치료자는 주로 노출기법을 사용했다. 그리고 마음챙김기술과 전통적인 인지행동치료 기법을 적용했다. 치료자가 새로운 기술을 훈련하자고 제안하면 자기는 못할 것이라고 대답하는 내담자가 상당히 많다. 내담자가 그렇게 대답하는 데는 여러 가지 이유가 있다. 이유가 다르면 해결책도 다르다. 어떤 내담자는 정말로 기술을 발휘하지 못한다. 충분히 배우지 못했기 때문이다. 이런 경우에는 기술훈련에 집중하는 것이 바람직한 해결책이다. 어떤 내담자는 능력을 가지고 있지만 수치심에 압도당할까 봐 두려워서 기술을 발휘하지 못한다. 이렇게 타당하지 못한 공포감에 휩싸인 경우, 노출치료가 가장 효과적인 해결책이다. 어떤 내담자는 능력을 가지고 있지만 부정적인 결과를 예상하기 때문에(예: "나는 아무것도 할 수 없어. 분명히 실패할 거야.") 혹은 부정적인 생각에 빠져들기 때문에(예: "다른 사람에게 도움을 요청하면 안 돼. 나 혼자서 해야 돼.") 기술을 발휘하지 못한다. 이런 경우, 치료자는 마음챙김 혹은 인지적 재구성을 시도할 것이다. 물론 둘 다 시도할 수도 있다. 어떤 내담자는 해결분석을 아예 중단하고 싶어 하는데, 도저히 못하겠다고 버티면 그 과정이 끝날 것이라고 기대하기 때문이었다. 이런 경우, 치료자는 수반성 관리를 시도할 것이다. 즉, 내담자가 치료방해행동을 중단할 때까지 해결분석을 지속하는 것이다.

다른 표적행동을 치료할 때와 마찬가지로 치료방해행동을 치료할 때도 다양한 인지행동치료 기법을 혼용해야 한다. 예컨대, 치료자가 폭식행동에 대한 해결책을 제안할 때마다 대화의 주제를 바꾸려는 내담자가 있었다. 행동분석 결과, 내담자는 '그 해결책을 내가 먼저 생각했어야 했는데. 나는 정말 멍청해.'라고 생각하고 있었다. 이런 생각은 극심한 수치심을 불러일으켰다. 또한 내담자는 폭식행동을 중단하는 것을 대수롭지 않은 일로 여기면서 자기 자신을 전혀 타당화하지 못하고 있었다. 내담자는 '나는 변화가 불가능한 인간이야.'라고 생각했고 깊은 절망에 빠졌다. 내담자는 수치심과 절망감을 느끼지 않으려고 대화의 주제를 바꾸려는 것이었다. 행동분석 과정에서 내담자가 판단적인 생각을 표현하면, 치료자는 마음챙김으로 그것을 알아차리게 유도하고 사실을 객관적으로 묘사하도록 이끌어야 한다. 내담자가 자기를 전혀 타당화하지 못하는 경우에도 마음챙김이 효과적이다. 마음챙김 훈련을 강화하기 위해서 치료자는 폭식행동을 중단하는 것이 얼마나 어려운 일인지 충분히 타당화했다. 치료자는 지혜로운 마음을 발휘하도록 격려했고, 내담자가 폭식행동을 해결하는 대안을 먼저 생각하지 못한 것이 정말로 그렇게 수치스러운 일인지 살펴보도록 이끌었다. 또한 자신은 아무것도 할 수 없다는 내담자의 생각을 다루기 위해서, 치료자는 마음챙김과 인지적 재구성을 시도했다. 그런 생각이 도대체 무슨 도움이 되는지 질문했고, 폭식행동을 중단하기 어려운 까닭을 파악했다. 치료방해행동을 모두 분석한 뒤, 치료자는 내담자를 수치심에 노출시켰다. 폭식행동에 대한 대안을 먼저 생각하지 못한 부분을 계속 부각시켰더니, 수치심이 최고조에 달했다가 서서히 줄어들었다. 수치심에 노출하는 과정에서 치료자는 대화의 주제를 바꾸려는 내담자의 시도를 봉쇄했다. 결국 내담자는 감정이 이끄는 방향과 반대로 행동할 수 있었다. 내담자는 폭식행동의 대안적 해결책을 차분하게 검토했고, 새로운 해결책을 스스로 모색했으며, 심지어 치료자에게 대안을 더 제시해 달라고 요청했다. 치료자는 내담자를 칭찬했다. 바람직한 행동을 강화한 것이다. 그리고 폭식행동을 중단하는 것이 얼마나 어려운 일인지 언급하면서 내담자를 타당화했다. 그랬더니 실제로 수치심이 줄어들었다. 이것은 내담자에게 결정적인 강화로 기능했다. 내담자는 기술을 더 발휘하고 싶어 했고, 다른 치료 개입을 시도하고 싶어 했다. 내담자가 해결분석에 더 적극적으로 참여하자 처음에 경험했던 절망감도 차츰 줄어들었다.

29

치료방해행동: 치료자

변증법적 행동치료자는 내담자의 치료방해행동을 다루듯이 치료자의 치료방해행동도 다루어야 한다. 내담자의 타당한 경험을 타당화하지 않고, 표적행동을 적절히 설정하지 못하고, 적극적으로 문제를 해결하지 않고, 내담자를 너무 연약한 존재로 간주해서 개입을 망설이고, 내담자의 자살행동을 강화하는 것이 치료자가 흔히 범하는 치료방해행동이다. 치료자의 치료방해행동은 개인적 성향, 임상경험의 부족, 치료시간에 경험한 강렬한 정서 혹은 인지적 왜곡, 체계와 관련된 수반성 때문에 발생한다. 치료자의 치료방해행동은 종종 내담자의 치료방해행동에 의해 촉발된다. 예컨대, 마치 강의하듯이 상담하는 습관을 지닌 치료자가 있었다. 행동분석 결과, 치료자의 문제행동은 내담자가 별다른 반응을 보이지 않을 때 나타났다. 치료자는 자신이 충분히 설명하지 못해서 내담자가 반응을 보이지 않는다고 가정했다. 그래서 치료개입의 원리를 열심히 강의했던 것이다. 반복되는 패턴을 인식하자, 치료자는 마음챙김기술을 발휘해서 내담자의 치료방해행동에 대한 잘못된 가정을 포기했다. 그리고 적절한 치료기법을 적용해서 내담자의 반응을 촉진하기 시작했다. 치료자가 내담자의 행동을 조성하듯이 내담자도 치료자의 행동을 조성한다. 즉, 치료자와 내담자는 교환적으로 상호작용한다. 치료자의 치료적 행동을 내담자가 처벌하기도 하고, 치료자의 반치료적 행동을 내담자가 강화하기도 한다. 예컨대, 치료자가 특정한 주제를 다루려고 할 때마다 내담자가 치료자를 비난하면 치료자는 그 주제를 좀처럼 거론하지 않을 것이다.

변증법적 행동치료는 치료자가 범하는 치료방해행동에 각별한 관심을 기울인다. 치료자의 치료방해행동 역시 변증법적 행동치료의 원리에 입각해서 철저하게 치료한다. 문제해결전략을 총동원해서 기술을 훈련하고, 노출을 시도하고, 수반성을 변경하고, 인지적으로 재구성한다. 예컨대, 치료자가 강렬한 분노감에 휩싸여서 내담자에게 적대적으로 행동하는 경우, 치료자는 내담자의 반응에서 타당화할 수 있는 요소를 찾아내야 하고 감정이 이끄는 방향과 정반대로 행동해야 한다. 만약 치료자가 강렬한 분노감에 휩싸인 까닭이 내담자의 행동을 잘못 해석했기 때문이라면, 치료자는 자신의 왜곡된 해석을 수정해야 한다. 만약 치료자가 경험한 분노감이 충분히 타당하다면, 치료자는 그것이 바람직하지 못한 방식으로 강화되지 않도록 연쇄고리를 차단해야 한다. 무엇보다도 치료자는 최선을 다해서 마음챙김 상태를 유지해야 한다. 현재의 순간에 주의를 기울이고, 효과적인 해결책을 모색하고, 잡스러운 생각과 충동을 내려놓고, 당면한 문제를 해결하는 데 초점을 맞추어야 한다. 마음챙김 상태를 유지하면 치료방해행동을 범할 가능성이 줄어든다. 또한 치료자는 지금 어떤 일이 벌어지고 있는지 기민하게 알아차릴 수 있게 되고, 치료방해행동을 효율적으로 수정할 수 있게 된다.

치료자의 치료방해행동을 수정하려면 그것이 치료방해행동이라는 사실을 먼저 인식해야 한다. 많은 치료자가 자신이 치료시간에 어떤 문제행동을 반복하는지 이미 알고 있다. 때로는 내담자가 치료자를 도와주기도 한다. 치료자문집단에서 역할연기를 실시하거나 녹음자료를 분석하면 치료자가 미처 깨닫지 못한 치료방해행동을 포착하는 데 도움이 된다. 어떤 치료방해행동은 해결책을 모색하고 적용해서 곧바로 수정할 수 있지만, 어떤 치료방해행동은 당사자와 치료자문집단이 협력해서 철저하게 분석해야 방지할 수 있다.

치료자문집단은 치료자의 치료방해행동을 수정한다. 하지만 어떤 치료자는 치료자문집단에서도 자문방해행동을 한다. 치료자문집단에 참석하지 않고, 치료원칙을 고수하지 않고, 치료자문규칙을 위반하는 경우가 대표적이다. 개인심리치료자가 내담자의 문제행동에 개입하듯이 치료자문집단은 치료자의 문제행동에 개입한다. 예컨대, 어떤 치료자가 치료자문집단에 연속적으로 불참했다. 치료자문집단이 이를 지적하고 행동분석을 요구하자, 치료자는 최근에 업무가 너무 바빠서 참석하지 못했다고 짧게 답변했다. 치료자문집단은 원인을 자세하게 분석해야 한다고 주장했다. 치료자문집단은 치료자문규칙을 어길 정도로 무리하게 스케줄을 편성한 까닭을 세밀하게 파악했다. 행동분석 결과, 두 가지 이유가 드러났다. 첫째, 치료자는 정말로 평소와 다른 분주한 기간을 보내고 있었다. 타인의 부탁을 거절하면 부정적인 평가를 받을까 봐 두려워서 도저히 감당할 수 없는 분량의 업무를 떠맡은 것이었다. 치료자문집단은 지혜로운 마음으로 상황을 파악하도록 유도했고, 적절하게 거절하는 기술을 교육했고, 타인의 부정적인 평가에 대처하는 연습을 실시했다. 둘째, 치료자는 치료자문집단에 불참하는 것을 대수롭지 않게 여겼다. 별로 중요한 임무가 아니라고 생각했기 때문이다. 이에 대해, 치료자문집단은 치료자의 불참이 내담자와 치료자문집단에 어떤 악영향을 미치는지 설명했다. 치료자문집단은 변증법적 행동치료에서 필수적인 치료양식이다.

　자문방해행동은 심각한 문제행동이다. 그러나 이것을 묵인하는 치료자가 많다. 그래서 치료진이 번갈아 가면서 객관적인 관찰자의 역할을 담당하는 것이 좋다(12장). 그런데 관찰자마저 동료의 자문방해행동을 지적하지 않고 주저할 수 있다. 아마도 동료가 어떻게 반응할지 걱정스럽기 때문일 것이다. 만약 그런 걱정이 지나치다면, 쓸데없는 걱정에 도전하면서 동료의 자문방해행동을 묵인하지 않고 개입하는 것이 바람직하다. 예컨대, 정말로 동료를 내담자보다 취약한 존재 혹은 괴팍한 존재라고 생각하는지, 실제로 동료가 건설적인 피드백을 수용하지 않을까 봐우려하는지 질문해서 걱정을 떨쳐 낼 수 있다. 동료의 자문방해

행동에 개입할 때, 변증법적 행동치료자는 내담자를 치료할 때
와 똑같은 치료전략을 다양하게 활용한다. 일단 자문방해행동을
행동적으로 묘사하는 작업부터 시작한다. 객관적인 관찰자는 동
료의 자문방해행동을 판단하거나 해석하지 말고, 경직된 생각과
감정을 배제해야 한다. 만약 일부 치료진이 건설적인 피드백을
수용하지 않는다면 치료자문집단은 그것도 자문방해행동으로
간주하고 개입해야 한다.

30

치료효과

변증법적 행동치료는 치료효과를 경험적으로 검증하는 연구를 강조한다. 대부분의 인지행동치료 역시 그렇지만, 변증법적 행동치료는 특히 경험적인 자료에 주목한다. 이번 장에서는 변증법적 행동치료의 치료효과에 관한 최신 자료를 요약했고, 임상실제에서 연구자료를 수집할 때 참고할 만한 고려사항을 제시했다.

치료효과

변증법적 행동치료는 최근에 유사자살행동을 시도한 적이 있고 경계선 성격장애 진단을 받은 성인 여자를 치료하기 위한 목적으로 개발되었다. 이들을 대상으로 5개의 무선통제연구를 실시한 결과, 치료효과가 경험적으로 입증되었다. 최초의 무선통제연구는 변증법적 행동치료와 통상적인 심리치료(treatment-as-usual: TAU)의 치료효과를 비교한 것이었다(Lihehan, Armstrong,

Suarez, Allman, & Heard, 1991; Linehan, Tutek, Heard, & Armstrong, 1994). 1년간 치료했을 때, 변증법적 행동치료를 받은 내담자의 유사자살행동 빈도가 더 적었고, 유사자살행동 심각도가 더 낮았고, 정신병원 입원일수가 더 적었고, 분노 강도가 더 약했고, 사회적 및 전반적 기능점수가 더 높았고, 치료잔존율이 더 높았다(DBT=83%, TAU=42%). 두 조건 모두에서 우울감과 자살사고가 동등하게 완화되었다. 다시 1년 뒤에 추적연구를 실시한 결과, 비록 뚜렷하지는 않지만 치료효과가 전반적으로 유지되고 있었다(Linehan, Heard, & Armstrong, 1995).

최근에 Linehan 등은 더 엄격한 통제조건을 사용해서 반복검증을 시도했다. 행동치료를 배제한 치료방법과 변증법적 행동치료의 치료효과를 비교한 것이다. 치료의도를 분석한 결과, 변증법석 행동치료를 받은 내담자의 자살시도 빈도가 더 적었고, 자살사고로 인한 입원일수가 더 적었고, 모든 유사자살행동의 위험성이 더 낮았다. 또한 변증법적 행동치료를 받은 내담자의 중도탈락률이 더 낮았고, 정신병원 입원일수가 더 적었고, 정신과적 문제로 인한 응급실 내원일수가 더 적었다. 모든 차이는 통계적으로 유의미했다.

다른 연구자들도 경계선 성격장애 진단을 받은 성인 여자를 대상으로 3개의 무선통제연구를 실시했다. Koon 등(2001)은 경계선 성격장애 진단을 받은 여성 전역군인을 대상으로 변증법적 행동치료의 효과를 검증했다. 이들 중에서 최근에 유사자살행동을 시도한 적이 있는 사람은 40%였다. 6개월간 치료했을 때, 주로 인지행동치료를 실시한 통제조건에 무선할당된 내담자보다 변증법적 행동치료를 받은 내담자의 자살사고, 우울감, 무망감 및 분노 표현이 통계적으로 유의미하게 더 감소되었다. 유사자살행동, 치료잔존율, 분노경험 및 해리증상은 두 조건에서 동등하게 감소되었다.

네덜란드의 연구자인 Verheul 등(2003)은 정신병원 혹은 중독센터에서 의뢰된 경계선 성격장애 진단을 받은 성인 여성을 대상으로 변증법적 행동치료와 통상적인 심리치료의 효과를 비교했다. 연구 결과, 변증법적 행동치료를 받은 내담자의 자해행동 및 자기파괴적 충동행동(예: 물질남용, 폭식행동, 도박행동)이 현저하게 더 감소되었다. 추가분석을 실시한 결과, 변증법적 행동치료는 자해행동의 기저율이 가장 높은 집단의 자해행동 빈도를 가장 극적으로 감소시키는 것으로 나타났다. 또한 변증법적 행동치료를 받은 내담자의 치료잔존율이 더 높았다. 다시 6개월 뒤에 추적연구를 실시한 결과, 변증법적 행동치료를 받은 내담자는 여전히 치료효과를 유지하고 있었다. 이들의 유사자살행동 및 충동행동 심각도가 더 낮았고, 알코올 사용 수준 역시 통제조건보다 더 낮았다. 그러나 치료 직후에 물질남용에서 관찰되었던 조건 간 차이는 더 이상 유지되지 않았다(Van den Bosch, Koeter, Stijnen, Verheul, & Van den Brink, 2005).

다른 연구에서 Clarkin 등(2007)은 경계선 성격장애 진단을 받은 성인(남자 및 여자)을 3가지 치료조건에 무선할당하고 치료효과를 비교했다. 각각 변증법적 행동치료, 전이초점치료, 역동지지치료를 실시했다. 1년간 치료했을 때, 모든 치료조건에서 우울감, 불안감, 전반적 기능점수, 사회적 적응점수가 통계적으로 유의미하게 향상되었다. 변증법적 행동치료와 전이초점치료 조건에서는 자살성향도 현저하게 감소되었다. 전이초점치료와 역동지지치료 조건에서는 충동성향도 현저하게 감소되었다. 전이초점치료 조건에서는 언어적 및 직접적 공격성도 현저하게 감소되었다.

Clarkin 등(2007)의 연구를 제외하고, 모든 연구에서 변증법적 행동치료의 치료원칙을 얼마나 고수하고 있는지 측정했다. 정말로 변증법적 행동치료를 실시했는지 확인한 것이다. 따라서 이들 연구는 변증법적 행동치료의 치료효과를 제대로 반영하고 있다고 사료된다.

Linehan이 주목한 임상집단과 특성이 다른 임상집단을 사용해서 변증법적 행동치료의 효과를 검증한 연구도 있고, 동일한 임상집단을 상이한 치료장면에서 선발하여 변증법적 행동치료의 효과를 입증한 연구도 있다. Linehan과 Dimeff(1997)는 경계선 성격장애와 물질의존장애를 함께 지니고 있는 여성에게 변증법적 행동치료를 확장해서 적용했고, 새로운 변증법적 행동치료의 효과를 경험적으로 검증했다(Linehan, Schmidt, Dimeff, Craft, et al., 1999). 1년간 치료했을 때, 통상적인 심리치료를 받은 내담자보다 변증법적 행동치료를 받은 내담자의 물질남용 점수가 더 감소되었고, 치료잔존율이 더 양호했다(DBT=55%, TAU=19%). 정신병원 입원일수, 분노감, 사회적 및 전반적 기능점수는 조건 간의 차이가 없었다. 그러나 4개월 뒤에 추적연구를 실시한 결과, 변증법적 행동치료를 받은 내담자의 물질남용 점수가 현저하게 더 감소하였고, 사회적 및 전반적 기능점수가 현저하게 향상되었다.

두 번째 연구에서는, 경계선 성격장애와 아편제 의존장애 진단을 함께 받은 성인 여자를 변증법적 행동치료 및 통제조건에 무선할당하고 치료효과를 비교했다. 통제조건에서는 12단계 프로그램 및 타당화 치료를 시행했다(Linehan, Dimeff, Reynolds, Comtois, et al., 2012). 이것은 변증법적 행동치료의 수용전략(예: 타당화, 공손한 의사소통, 환경적 개입)과 마약치료 자조집단에서 사용하는 치료기법을 종합한 것이다. 아울러 모든 내담자에게 약물치료(레보메타딜 아세테이트 하이드로클로라이드)를 병행했다. 비교 결과, 모든 조건에서 아편제 사용량이 효과적으로 감소하였다. 통제조건의 치료잔존율은 대단했다(100%, DBT 64%). 그러나 변증법적 행동치료를 받은 내담자는 치료성과를 더 오래 유지하는 경향이 있었다.

경계선 성격장애 진단을 받은 성인의 외래치료효과 연구 외에도, 몇 가지 무선통제연구가 더 진행되었다. 신경성 폭식증 진단을 받은 성인 여성의 치료효과 연구(Telch, Agras, & Linehan, 2001) 및 우울장애와 성격장애를 공병하고 있는 노인의 치료효과 연구(Lynch, Morse, Mendelson, & Robins, 2003; Lynch et al., 2007)에서 변증법적 행동치료의 유용성이 경험적으로 검증되었다. 경계선 성격장애 진단을 받은 성인을 입원치료했을 때도 동

일한 결과가 관찰되었다(Bohus et al., 2004). 변증법적 행동치료
가 비용에 비해 효과적인 치료모형임을 보여 주는 연구 결과도
존재한다(Brazier et al., 2006; Heard, 2000).

고려사항

변증법적 행동치료는 효율적인 치료모형이다. 그러나 변증
법적 행동치료가 어떤 기관 혹은 특정한 내담자에게 효율적인
지 검토할 필요가 있다면, 일상적인 임상실제에서 어떤 방식으
로 치료효과를 측정하고 있는지 고려해야 한다. 연구자는 실제
로 치료를 받은 내담자에게서 자료를 수집하고, 변증법적 행동
치료를 주관하는 치료기관에 연구결과를 제공한다. 이때 변증법
적 행동치료가 생명위협행동 및 현저하게 불안정한 행동을 감소
시키는 효과가 있다는 점을 강조하는 것이 바람직하다. 치료자
가 변증법적 행동치료를 통해 문제행동의 위험성과 심각성을 감
소시킬 수 있음을 보여 주고 싶은 것처럼 치료기관은 자살행동
의 빈도와 심각도를 감소시키고 싶어 하고 입원일수를 단축시키
고 싶어 한다. 따라서 치료효과를 입증하는 행동적 측정치를 수
집하는 것이 치료자와 치료기관 모두에게 이롭다. 변증법적 행
동치료를 통해 변화시키려는 표적행동에 주목하는 것 외에, 변
증법적 행동치료자는 당사자(내담자, 가족, 치료자, 치료기관)의
목적과 관련된 자료도 수집한다(Rizvi, Monroe-DeVita, & Dimeff,
2007). 이런 연구자료를 활용하기 위해서는 정말로 변증법적 행
동치료 프로그램을 실시했는지, 그리고 치료원칙을 철저하게 고

수했는지 밝혀야 한다.

변증법적 행동치료자는 각 내담자의 표적행동이 변화되었는지도 평가한다. 대개의 경우, 개인의 변화가 집단의 변화와 밀접한 관련이 있지만(예: 유사자살행동 빈도, 입원일수), 개인마다 독특한 변인도 포함시킬 수 있다(예: 폭식행동 빈도, 구토행동 빈도, 절도행동 빈도). 특히 다양한 공존병리를 지니고 있는 내담자를 치료할 때는 개인마다 독특한 변인을 추적하는 것이 필요하다. 변증법적 행동치료자는 엄청난 개수와 규모의 치료과제를 수행해야 한다. 그래서 어떤 시점에는 치료자와 내담자가 모두 압도감을 느낄 수 있다. 또한 아직 치료되지 않은 문제가 남아 있을 때는 지금까지 성취한 치료적 진전을 간과하기 쉽다. 치료효과에 대한 자료를 꾸준히 수집해야 이런 인지적 편향을 줄일 수 있고, 치료효과를 더 현실적으로 평가할 수 있다. 표적행동이 얼마나 변화되었는지 객관적으로 평가하면, 계약기간이 종료되었을 때 변증법적 행동치료를 계속할 것인지 중단할 것인지 결정하는 데 도움이 된다.

참고문헌

Aitken, R. (1982) *Taking the Path of Zen*. San Francisco: North Point.

American Psychiatric Association (2000) *Diagnostic and Statistical Manual of Mental Disorders (DMS-IV-TR)*, 4th edn. text revision. Washington, DC: American Psychiatric Association.

Arkowitz, H. (1989) "The role of theory in psychotherapy integration", *Journal of Integrative and Eclectic Psychotherapy*, 8: 8-16.

Arkowitz, H. (1992) "Integrative theories of therapy", in D. Freedheim (Ed.), *The History of Psychotherapy: A Century of Change*. Washington, DC: American Psychological Association.

Barlow, D. H. (1988) *Anxiety and Its Disorders: The Nature and Treatment of Anxiety and Panic*. New York: Guilford Press.

Barwick, M. A., Boydell, K. M., Stasiulis, E., Ferguson, H. B., Blasé, K. and Fixsen, D. (2005) *Knowledge Transfer and Implementation of Evidence-Based Practices in Childrens's Mental Health*. Toronto, Canada: Children's Mental Health Ontario.

Basseches, M. (1984) *Dialectical Thinking and Adult Development*. Norwood, NJ: Ablex Publishing.

Bateman, A. W. and Fonagy, P. (2004) *Psychotherapy for Borderline Personality Disorder: Mentalization Based Treatment*. Oxford, UK: Oxford University Press.

Beck, A. T., Rush, A. J., Shaw, B. F. and Emery, G. (1979) *Cognitive Therapy of Depression*. New York: Guilford Press.

Bohus, M., Haaf, B., Simms, T., Limberger, M. F., Schmahl, C., Unckel,

C. et al. (2004) "Effectiveness of inpatient dialectical behavioural therapy for borderline personality disorder: A controlled trial", *Behaviour Research & Therapy*, 423: 487-999.

Brazier, J., Tumur, I., Holmes, M., Ferriter, M., Parry, G., Dent-Brown, K. et al. (2006) *Psychological Therapies Including Dialectical Behaviour Therapy for Borderline Personality Disorder: A Systematic Review and Preliminary Economic Evaluation*. London: Queens Printer and Controller of HMSO.

Cialdini, R. B., Vincent, J. E., Lewis, S. K., Catalan, M., Wheeler, D. and Darby, B. L. (1975) "Reciprocal concessions procedure for inducing compliance: The door-in the-face technique", *Journal of Personality and Social Psychology*, 32: 206-215.

Clarkin, J. F., Levy, K. N., Lenzenweger, M. F. and Kernberg, O. F. (2007) "Evaluating three treatments for borderline personality disorder: A multiwave study", *American Journal of Psychiatry*, 164: 922-928.

Corsini, R. J. and Wedding, D. (1989) *Current Psychotherapies*, 4th edn. Itasca, IL: Peacock Publishing.

Fixsen, D. L., Naoom, S. F., Blasé, K. A., Friedman, R. M. and Wallace, F. (2005) *Implementation Research: A Synthesis of the Literature*. Tampa, FL: University of South Florida, Louis de la Parte Florida Mental Health Institute, The National Implementation Research Network.

Foa, E. B. and Rothbaum, B. O. (1998) *Treating the Trauma of Rape: Cognitive-Behavioral Therapy for PTSD*. New York: Guilford Press.

Frances, A. J., Fyer, M. R. and Clarkin, J. F. (1986) "Personality and suicide", *Annals of the New York Academy of Sciences*, 487: 281-293.

Freeman, J. L. and Fraser, S. C. (1966) "Compliance without pressure: The foot-in-the-door technique", *Journal of Personality and Social Psychology*, 4: 195-202.

Fruzzetti, A., Santisteban, D. A. and Hoffman, P. (2007) "Dialectical behavior therapy with families", in L. A. Dimeff and K. Koerner

(Eds), *Dialectical Behavior Therapy in Clinical Practise: Applications Across Disorders and Settings*. New York: Guilford Press.

Goldfried, M. R., Linehan, M. M. and Smith, J. L. (1978) "Reduction of test anxiety through cognitive restructuring", *Journal of Consulting and Clinical Psychology*, 46: 32-39.

Goldman, M. (1986) "Compliance employing a combined foot-in-the-door and door-in-the-face procedure", *Journal of Social Psychology*, 126: 111-116.

Gottman, J. M. and Katz, L. F. (1990) "Effects of marital discord on young children's peer interaction and health", *Developmental Psychology*, 25: 373-381.

Hall, S. M., Havassy, B. E. and Wasserman, D. A. (1990) "Commitment to abstinence and acute stress in relapse to alcohol, opiates and nicotine", *Journal of Consulting and Clinical Psychology*, 58: 175-181.

Hanh, T. N. (1987) *The Miracle of Mindfulness: A Manual of Meditation*, revised edn. Boston: Beacon Press.

Hayes, S. C., Follette, V. M. and Linehan, M. M. (2004) *Mindfulness and Acceptance: Expanding the Cognitive–Behavioral Tradition*. New York: Guilford Press.

Heard, H. L. (2000) "Cost-effectiveness of dialectical behaviour therapy for borderline personality disorder", *Dissertation Asstracts International Selection B: Sciences & Engineering*, 61(6B): 3278.

Iwata, B. A. and Wordsell, A. s. (2005) "Implications of a functional analysis methodology for design of intervention programme", *Exceptionality*, 13(1): 25-34.

Jones, B., Heard, H. L., Startup, M., Swales, M., Williams, J. M. G. and Jones, R. S. P. (1999) "Autobiographical memory and dissociation in borderline personality disorder", *Psychological Medicine*, 29: 1397-1404.

Kabat-Zinn, J. (1991) *Full Catastrophe Living: Using the Wisdom of Your*

Body and Mind to Face Stress, Pain and Illness. New York: Dell Publishing.

Kegan, R. (1982) *The Evolving Self: Problem and Process in Human Development*. Cambridge, MA: Harvard University Press.

Koons, C. R., Robins, C. J., Tweed, J. L., Lynch, T. R., Gonzalez, A. M., Morse, J. Q. et al. (2001) "Efficacy of dialectical behavior therapy in women veterans with borderline personality disorder", Behavior Therapy, 32: 371-390.

Kreitman, N. (1977) *Parasuicide*. Chichester, UK: Wiley.

Kremers, I. P., Spinhoven, Ph. and Van der Does, A. J. W. (2004) "Autobiographical memory in depressed and non-depressed patients with borderline personality disorder", *British Journal of Clinical Psychology*, 43(1): 17-29.

Kuhn, T. S. (1970) *The Structure of Scientific Revolutions*, 2nd edn. Chicago: University of Chicago Press.

Levins, R. and Lewontin, R. (1985) *The Dialectical Biologist*. Cambridge, MA: Harvard University Press.

Linehan, M. M. (1993a) *Cognitive-Behavioural Treatment of Borderline Personality Disorder*. New York: Guilford Press.

Linehan, M. M. (1993b) *Skills Training Manual for Treating Borderline Personality Disorder*. New York: Guilford Press.

Linehan, M. M. (1993c, January) *Acceptance in Dialectical Behaviour Therapy*. Paper presented at the Nevada Conference on Acceptance and Change, Reno, Nevada.

Linehan, M. M. (1997) "Validation and psychotherapy", in A. Bohart and L. Greenberg (Eds), *Empathy Reconsidered: New Directions in Psychotherapy*. Washington, DC: American Psychological Association.

Linehan, M. M. (1999) "Development, evaluation and dissemination of effective psychosocial treatments: Stages of disorder, levels of care and stages of treatment research", in M. G. Glantz and C. R. Hartel (Eds), *Drug Abuse: Origins and Interventions*. Washington, DC:

American Psychological Association.

Linehan, M. M., Armstrong, H. E., Suarez, A., Allman, D. and Heard, H. L. (1991) "Cognitive-behavioral treatment of chronically parasuicidal borderline patients", *Archives of General Psychiatry*, 48: 1060-1064.

Linehan, M. M., Comtois, K. A., Brown, M. Z., Heard, H. L. and Wagner, A. (2006a) "Suicide Attempt Self Injury Interview (SASII): Development, reliability and validity of a scale to asses suicide attempts and self-injury", *Psychological Assessment*, 18: 303-312.

Linehan, M. M., Comtois, K. A., Murray, A. M., Brown, M. Z., Gallop, R. J., Heard, H. H. et al. (2006b) "Two-year randomized controlled trial and follow-up of dialectical behavior therapy vs. therapy by experts for suicidal behaviors and borderline personality disorder", *Archives of General Psychiatry*, 63: 757-766.

Linehan, M. M. and Dimeff, L. (1997) *Dialectical Behaviour Therapy Manual of Treatment Interventions for Drug Abusers with Borderline Personality Disorder*. Seattle, WA: University of Washington.

Linehan, M. M., Dimeff, L. A., Reynolds, S. K., Comtois, K. A., Shaw-Welch, S., Heagerty, P. et al. (2002) "Dialectical behavior therapy versus comprehensive validation plus 12-step for the treatment of opioid dependent women meeting criteria for borderline personality disorder", *Drug and Alcohol Dependence*, 67: 13-26.

Linehan, M. M. and Heard, H. L. (1993) "Impact of treatment accessibility on clinical course of parasuicidal patients: In reply to R. E. Hoffman" [letter to the editor], *Archives of General Psychiatry*, 50: 157-158.

Linehan, M. M., Heard, H. L. and Armstrong, H. E. (1995) *Standard Diaelctical Behaviour Therapy Compared to Individual Psychotherapy in the Community for Chronically Parasuicidal Borderline Patients*. Unpublished manuscript, University of Washington, Seattle.

Linehan, M. M. and Schmidt, H., III (1995) "The dialectics of effective treatment of borderline personality disorder", in W. O. O'Donohue and L. Krasner (Eds), *Theories in Behaviour Therapy*. Washington, DC: American Psychological Association.

Linehan, M. M., Schmidt, H., Dimeff, L. A., Craft, J. C., Kanter, J. and Comtois, K. A. (1999) "Dialectical behavior therapy for patients with borderline personality disorder and drug-dependence", *The American Journal on Addictions*, 8(4): 279-292.

Linehan, M. M., Tutek, D. A., Heard, H. L. and Armstrong, H. E. (1994) "Interpersonal outcome of cognitive behavioral treatment for chronically suicidal borderline patients", *American Journal of Psychiatry*, 151(12): 1771-1776.

Lynch, T. R., Cheavens, J. S., Cukrowicz, K. C., Thorp, S. R., Bronner, L. and Beyer, J. (2007) "Treatment of older adults with comorbid personality disorder and depression: A dialectical behavior therapy approach", *International Journal of Geriatric Psychiatry, Special Issue: Psychosocial Interventions for Mental Illness in Late-Life*, 22(2): 131-143.

Lynch, T. R., Morse, J. O., Mendelson, T. and Robins, C. J. (2003) "Dialectical behavior therapy for depressed older adults: A randomized pilot study", *American Journal of Geriatric Psychiatry*, 11(1): 33-45.

McMain, S., Sayrs, J. H. R., Dimeff, L. A. and Linehan, M. M. (2007) "Dialectical behavior therapy for individuals with borderline personality disorder and substance dependence", in L. A. Dimeff and K. Koerner (Eds), *Dialectical Behavior Therapy in Clinical Practise: Applications Across Disorders and Settings*. New York: Guilford Press.

Miller, A. L., Rathus, J. H. and Linehan, M. M. (2007) *Dialectical Behavior Therapy with Suicidal Adolescents*. New York: Guilford Press.

Norcross, J. C. and Newman, C. F. (1992) "Psychotherapy integration: Setting the context", in J. C. Norcross and M. R. Goldfried (Eds), *Psychotherapy Integration*, pp. 3-45. New York: Basic Books.

Pavlov, I. P. (1995) *Lectures on Conditioned Reflexes: Twenty-Five Years of Objective Study of the Higher Nervous Activity (Behaviour) of Animals*, W. Horsley Gantt, Trans. New York: Liverwright Publishing. (Original work published 1928)

Pryor, K. (2002) *Don't Shoot the Dog: The New Art of Teaching and Training*. Stroud, UK: Ringpress Books.

Reese, H. W. (1993) "Contextualism and dialectical materialism", in S. C. Hayes, L. J. Hayes, H. W. Reese and T. R. Sarbin (Eds), *Varieties of Scientific Contextualism*, pp. 71-105. Reno, NV: Context Press.

Reps, P. and Senzaki, N. (1957) *Zen Flesh, Zen Bones*. Rutland, VT: Tuttle Publishing.

Rizvi, S. L. and Linehan, M. M. (2005) "The treatment of maladaptive shame in borderline personality disorder: A pilot study of 'Opposite Action'", *Cognitive and Behavioral Practice*, 12: 437-447.

Rizvi, S. L., Monroe-DeVita, M. and Dimeff, L. A. (2007) "Evaluating your dialectical behavior therapy program", in L. A. Dimeff and K. Koerner (Eds), *Dialectical Behavior Therapy in Clinical Practise: Applications Across Disorders and Settings*. New York: Guilford Press.

Rogers, C. R. (1951) *Client-Centered Therapy*. London: Constable.

Saposnek, D. T. (1980) "Aikido: A model for brief strategic therapy", *Family Process*, 19: 227-238.

Shaw-Welch, S. (2005) "Patterns of emotion in response to parasuicidal imagery in borderline personality disorder", *Dissertation Abstracts International: Section B: The Sciences and Engineering*, 65(7-B): 3733.

Shea, M. T., Pilkonis, P. A., Beckham, E., Collins, J. F., Elkin, I., Sotsky, S. M. et al. (1990) "Personality disorder and treatment outcome in the NIMH treatment of depression collaborative research program", *American Journal of Psychiatry*, 147(6): 711-718.

Skinner, B. F. (1974) *About Behaviorism*. New York: Random House.

Steiger, H. and Stotland, S. (1996) "Prospective study of outcome in bulimics as a function of Axis II comorbidities: Long-term responses on eating and psychiatric symptoms", *International Journal of Eating Disorders*, 20: 149-161.

Stricker, G. and Gold, J. (Eds) (1993) *Comprehensive Handbook of Psychotherapy Integration*. New York: Plenum Press.

Suler, J. R. (1989) "Paradox in psychological transformation: The Zen koan and psychotherapy", *Psychologia*, 32: 221-229.

Swales, M. A. (in preparation) *Implementing Dialectical Behaviour Therapy in Healthcare Systems: Utilizing the Principles of the Treatment to Effect Organizational Change*, in preparation.

Swann, W. B., Stein-Seroussi, A. and Giesler, R. B. (1992) "Why people self-verify", *Journal of Personality and Social Psychology*, 62: 392-401.

Tarrier, N. and Wykes, T. (2004) "Is there evidence that cognitive behaviour therapy is an effective treatment for schizophrenia? A cautious or cautionary tale?" *Behaviour Research and Therapy*, 42(12): 1377-1401.

Telch, C. F., Agras, W. S. and Linehan, M. M. (2001) "Dialectical behavior therapy for binge eating disorder", *Journal of Consulting and Clinical Psychology*, 69(6): 1061-1065.

Tucker, R. C. (Ed.) (1978) *The Marx-Engels Reader*, 2nd edn. New York: W. W. Norton.

Van den Bosch, L. M. C., Koeter, M. W. J., Stijnen, T., Verheul, R. and Van den Brink, W. (2005) "Sustained efficacy of dialectical behaviour therapy for borderline personality disorder", *Behaviour Research & Therapy*, 43: 1231-1241.

Verheul, R., Van Den Bosch, L. M. C., Koeter, M. W. J., De Ridder, M. A. J., Stijnen, T. and Van den Brink, W. (2003) "Dialectical behaviour therapy for women with borderline personality disorder: 12-month, randomised clinical trial in the Netherlands", *British Journal of Psychiatry*, 182(2): 135-140.

Wang, T. H. and Katzev, R. D. (1990) "Group commitment and resource conservation: Two field experiments on promoting recycling", *Journal of Applied Psychology*, 20: 265-275.

Webster's New World Dictionary (1964) New York: The World Publishing Company.

Williams, J. M. G. and Pollock, L. R. (2000) "Psychology of suicidal behaviour", in K. Hawton and K. van Heeringen (Eds), *The International Handbook of Suicide and Attempted Suicide*. Chichester, UK: Wiley.

Williams, J. M. G. and Swales, M. A. (2004) "The use of mindfulness-based approaches for suicidal patients", *Archives of Suicide Research*, 8: 315-329.

Windle, R. and Samko, M. (1992) "Hypnosis, Ericksonian hypno-therapy, and Aikido", *American Journal of Clinical Hypnosis*, 34: 261-270.

Yeaton, W. H. and Sechrest, L. (1981) "Critical dimensions in the choice and maintenance of successful treatments: Strength, integrity, and effectiveness", *Journal of Consulting & Clinical Psychology*, 49: 156-167.

Zanarini, M. C., Frankenburg, F. R., Hennen, J. and Silk, K. R. (2003) "The longitudinal course of borderline psychopathology: 6-year prospective follow-up of the phenomenology of borderline personality disorder", *American Journal of Psychiatry*, 160: 274-283.

찾아보기

저자 소개

미카엘라 스웰즈(Michaela A. Swales)
영국 Bangor 대학교에서 임상심리학을 가르치는 교수이고, 북웨일즈 청소년 상담기관의 자문역을 담당하는 임상심리학자다. 영국에서 변증법적 행동치료 수련 팀을 지도하는 감독자로 활동하고 있다.

하이디 히어드(Heidi L. Heard)
변증법적 행동치료를 개발한 Linehan 박사가 운영하는 Behavioral Tech의 선임감독자로서, 변증법적 행동치료를 국제적으로 소개하고 자문하고 있으며, 변증법적 행동치료 및 경계선 성격장애에 관한 다양한 저술 작업에 참여하고 있다.

역자 소개

유성진(Yoo Seong Jin)
서울대학교 심리학과 학사, 석사, 박사(임상 · 상담심리학 전공)
서울대학교병원 신경정신과 임상심리레지던트 수련
한국임상심리학회 총무이사, 수련이사, 자격관리이사 역임
한국심리학회 김재일소장학자논문상 수상(2010)

현 한양사이버대학교 상담심리학과 교수
　심리상담연구소 사람과 사람(saram2.modoo.at) 자문교수
　임상심리전문가(한국임상심리학회)
　정신보건임상심리사1급(보건복지부)
　인지행동치료전문가(한국인지행동치료학회)

변증법적 행동치료

Dialectical Behaviour Therapy(DBT)

2017년 3월 20일 1판 1쇄 발행
2023년 3월 20일 1판 5쇄 발행

지은이 • Michaela A. Swales · Heidi L. Heard
옮긴이 • 유성진
펴낸이 • 김진환
펴낸곳 • (주) **학지사**

　　　　04031 서울특별시 마포구 양화로 15길 20 마인드월드빌딩
대표전화 • 02)330-5114　　　팩스 • 02)324-2345
등록번호 • 제313-2006-000265호

홈페이지 • http://www.hakjisa.co.kr
페이스북 • https://www.facebook.com/hakjisabook

ISBN 978-89-997-1204-3 93180

정가 13,000원

■ 출판미디어기업 **학지사**

간호보건의학출판 **학지사메디컬** www.hakjisamd.co.kr
심리검사연구소 **인싸이트** www.inpsyt.co.kr
학술논문서비스 **뉴논문** www.newnonmun.com
교육연수원 **카운피아** www.counpia.com